KB272756

7cm
하이힐의 힘

7cm 하이힐의 힘

아시아경제신문 특별취재팀 지음

황금사자
GoldenLionBooks

차례

하이힐이 품고 있는 성공의 DNA

19세기 독일의 대문호 괴테는 《파우스트》에서 "영원히 여성적인 것이 우리를 이끈다"라고 일갈했다. 인류 역사에서 여성성(女性性)이 갖는 경쟁력을 강조한 것이다. 그로부터 2세기를 관통해 만난 세계적 경영학자 피터 드러커Peter Drucker는 21세기를 '여성의 세기'로 정의했다. 여성 리더십이 우리 사회의 혁신과 변화를 견인할 것이라는 이유에서다. 미래학자인 존 나이스비트John Naisbitt 박사도 21세기를 '3F 시대'로 규정했다. 3F란 가상fiction, 감feeling, 그리고 여성female을 가리킨다. 19세기 봉건사회, 20세기 산업사회를 거치면서 형성된 강인함과 통솔력, 추진력과 권위적인 남성적 리더십은 21세기 다변화된 정보화 사회를 맞아 부드러움과 포용력, 배려와 쌍방향의 여성적 리더십으로 진화하고 있다는 게 세계 석학들의 통렬한 혜안이다.

실제로 글로벌 여성 리더들의 활약은 정치에서부터 경제에 이르기까지 스펙트럼이 폭넓다. '철의 여인' 마거릿 대처 전 영국 총리, '게르만의 철의 여인'으로 불리는 앙겔라 메르켈 독일 총리, 미국의 외교 수장인 힐러리 클린턴 전 국무장관, 미얀마의 여성 지도자 아웅산 수지, 남미 최초의 여성 대통령인 브라질의 지우마 호세프

등은 여성이 남성 못지않게 훌륭한 정치 리더가 될 수 있음을 보여
준다. 또한 국제통화기금IMF 첫 여성 총재인 크리스틴 라가르드를
비롯해 맥 휘트먼 HP 최고경영자CEO, 마리사 메이어 야후 CEO, 셰
릴 샌드버그 페이스북 최고운영책임자COO 등은 글로벌 경제에서
무시할 수 없는 여성 파워를 발휘한다.

이들의 행보가 더욱 빛나는 것은 우리 사회 곳곳에 존재하는 시
린 차별의 사슬, 그 두터운 '유리천장'을 극복하고 정상에 우뚝 섰
기 때문이다. 미래 여성 리더를 꿈꾸는 수많은 여성 인재들이 스스
로에게 수없이 되묻는 질문도 바로 이것이리라. 훌륭한 여성 리더
들은 어떤 자질과 가치관, 철학으로 스스로를 단련시켰을까? 여성
에 대한 남성들의 날 선 편견은 또 어떻게 극복했고, 남성에 비해
열악한 인적 네트워크는 어떤 방법으로 구축했을까? 아내와 엄마
라는 가정 내에서의 역할은 성공적인 도전을 갈구하는 가정 밖의
삶과 얼마나 절묘하게 균형점을 찾았을까?

이에 대한 답을 명쾌하게 찾기는 쉽지 않다. 여성 리더마다 살아
온 길이 다르듯 성공 방정식도 다른 함수로 채워졌을 것이기 때문

이다. 한 가지 분명한 것은 여성 리더 앞에 놓인 가시밭길은 장애가 아니라 모험이자, 좌절이 아니라 도전이라는 사실이다. 가시밭길은 외면한다고 사라지지 않는다. 피한다고 물러서지도 않는다. 당당히 맞서야 한다. 가시밭길 너머에는 혁신과 창의, 미래와 가능성이라는 꽃이 흐드러지게 피어 있다.

이 책에서 언급한 '7cm 하이힐'은 여성 리더십의 상징이다. 여성성을 잃지 않으면서도 여성 특유의 장점을 살리는 것이야말로 진정한 여성 리더십이라고 역설하고 있다. 이를 위한 구체적인 실행 전략은 가정, 인맥, 편견, 강박증(슈퍼우먼 콤플렉스), 롤모델(과 멘토), 야성, 교육 등 일곱 가지로 압축된다.

● **1cm.** 가정 — 여성이 육아와 일, 모두에서 성공하는 것은 쉬운 일이 아니다. 육아 때문에 직장을 포기하는 경우도 흔하다. 미국 시사잡지 〈애틀랜틱 먼슬리〉의 커버스토리로 실린 앤 마리 슬로터의 사례는 고위직 여성이 워킹맘의 굴레에서 자유로울 수 없음을 보여준다. 그렇기에 배우자와 자녀들의 이해와 도움이 필요하다. 미혼 여성이라면 결혼 상대를 정할 때부터 나의 일

을 이해하고 지원해줄 동반자를 만나야 한다. 혹여 장애가 될지도 모르는 '가정'을 오히려 성공의 기회로 삼아야 한다.

● **2cm.** 인맥 — 여성 리더들은 사회 진출의 역사가 짧아 인적 네트워크가 열악하다. 미국 하버드 대학교 경영대학원의 린다 힐 교수는 인맥관리를 리더십의 3대 원칙 가운데 하나로 꼽았다. 스티븐 베리가 2009년 펴낸 《세렝게티 전략》을 보면, 기린은 탁월한 시력을 갖춰 포식자로부터 안전지역을 제공한다. 기린 근처에 초식 동물들이 머무는 것처럼 여성들은 자신의 약점을 보완하고 장점을 극대화할 수 있는 인맥지도를 그려야 한다.

● **3cm.** 편견 — 여성을 향한 색안경은 비단 우리나라에만 있는 게 아니다. 2011년 경제전문지 〈포브스〉는 사회적으로 성공한 여성들을 향한 편견 10가지를 정리한 바 있다. 〈포브스〉는 "여성이 유리천장을 뚫고 최고위층으로 승진하는 사례가 늘고 있지만 여전히 지배층에서는 소수이기 때문에 상대적으로 냉혹하고 제한적인 평가를 받고 있다"라고 해석했다. 이 편견을 깨기 위해 스스로를 '남성화' 시키지만 오히려 여성성을 강조해야 한다. 남성이 미처

잡아내지 못한, 그리고 어쩌면 영원히 모를 수밖에 없는 여성만의 강점을 활용해 편견을 극복하는 것이다.

● **4cm. 강박증** — 여성들은 사회적 성공을 위해 모든 면에서 완벽해야 한다는 슈퍼우먼 콤플렉스에 사로잡혀 있다. 완벽한 직장인, 완벽한 동료, 완벽한 딸, 완벽한 아내, 완벽한 엄마까지…. 이 모든 역할을 잘 하려다 보니 삶이 힘겹고 고달프다. 건강한 완벽주의는 높은 성과로 이어지지만 지나친 완벽주의는 자존감을 무너뜨리고 의욕을 꺾는다. '실패하면 어쩌나' 하는 부정적 사고는 여성 리더의 적이다. 전문가들은 '마음가짐'에서 공통적으로 해답을 찾는다.

● **5cm. 롤모델** — 리더를 꿈꾸는 여성이라면 본보기가 되는 롤모델이 필요하다. '피겨 퀸' 김연아 선수는 미셸 콴을 벤치마킹함으로써 세계 최고 선수로 성장했다. 내 인생의 방향타가 되어주는 롤모델과 함께, 지근거리에서 조언하고 격려해주는 멘토mentor까지 둔다면 금상첨화다. 내가 여성이라고 해서 롤모델이나 멘토가 반드시 여성일 필요는 없다.

● **6cm.** 야성 — 여자아이는 남자아이만큼 야심찬 인생을 시작하지만 성 역할에 대한 자의식이 생성되는 사춘기에 접어들면 이내 열기가 식는다. 그 러면서 '야망 있는 여성은 여자답지 못하다' 라는 편견을 갖는다. 나 자신이 '여성으로서' 남들에게 어떻게 보일지에 온 신경을 쏟다 보면 상처만 입는 다. 어떻게 하면 여성 스스로 당당하게 걸어나와 테이블에 앉을 수 있을까? 이 해답을 찾아가는 과정 자체가 성공에 한 발 다가가는 길이다.

● **7cm.** 교육 — '리더는 영원한 학습자' 라고 정의한 사람은 세계 최고 리 더십 전문가인 워렌 베니스다. 그는 "리더는 끊임없이 새로운 시각을 제공해 새롭게 사물을 바라볼 수 있게 하고, 창의성을 발휘해 새로운 기회를 엿보고 도전하려는 의지에 연료를 제공한다"라고 말했다. 제너럴 일렉트릭General Electric: GE의 제프리 이멜트 회장도 리더십의 첫째 조건으로 '항상 배우는 태 도' 를 꼽았다. 리더라면 당면한 문제를 해결하는 과정을 즐기고, 생각을 자 극하는 공부를 하며, 폭넓고 통합적인 학습을 해야 한다. 나와 내 조직의 변 화를 이끄는 것이 바로 리더의 학습이기 때문이다.

이 책은 7가지 키워드별로 국내 여성 CEO 19명의 성공 스토리를 함께 실었다. 7cm 하이힐의 구체적인 실행 전략을 더욱 쉽게 이해할 수 있도록 생생한 성공 사례를 덧붙인 것이다.

한경희 한경희생활과학 대표와 박영순 다희연 회장은 자신들이 가정과 직장의 균형점을 어떻게 유지하고 발전시켜왔는지, 그동안의 체험을 담담히 털어놓는다. 김양미 베스트비즈·와우몰 대표, 김미경 이오에스 대표, 하지원 에코맘코리아 대표는 열악한 인적 네트워크를 극복해 성공적인 인맥지도를 그려가는 여정을 생생하게 보여준다. 여성을 바라보는 삐딱한 시선과 편견에 정면으로 맞서는 이들도 많다. 김영휴 씨크릿우먼 대표, 이경옥 동구제약 회장, 이민재 엠슨 회장, 최영 펀비즈 대표가 주인공이다.

이희자 루펜리 대표, 윤미옥 지아이소프트 대표는 자신감과 자존감을 회복해 성공 강박증에서 벗어나는 지혜를 잔잔하게 전한다. "훌륭한 롤모델과 멘토를 통해 성장한 여성 리더들은 다시 우리들의 롤모델로 성장해야 한다"고 역설하는 김금자 롤팩 대표, 이길순 에어비타 대표, 홍의숙 인코칭 대표도 우리 사회의 소중한 인적 자산이다.

두려움을 피하지 않고, 오히려 이를 자극제 삼아 하루하루 성장해가는 박혜린 옴니시스템 회장, 이도희 디지캡 대표, 이은정 한국맥널티 대표의 목소리는 열정으로 가득하다. 나와 내 조직의 혁신을 이끄는 힘은 바로 리더의 학습이라고 역설하는 박현주 엠큐릭스 대표와 양윤선 메디포스트 대표의 행보도 늘 기대된다.

이들 19인의 성공 스토리는 더 많은 여성 인재를 사회 곳곳에 배출하는 기폭제가 될 것이다. 여성 리더의 씨앗을 뿌린 파란만장한 이야기는 대한민국의 에너지이자 발전 동력이다. 7cm 하이힐이 품고 있는 7가지 성공 DNA와 19인 여성 리더들의 드라마틱한 도전기를 미래 여성 리더들에게 전한다.

2013년 12월 지은이 일동

1cm
가정

'나쁜 엄마'
콤플렉스에서
벗어나라

한경희 한경희생활과학 대표 / 박영순 다희연 회장

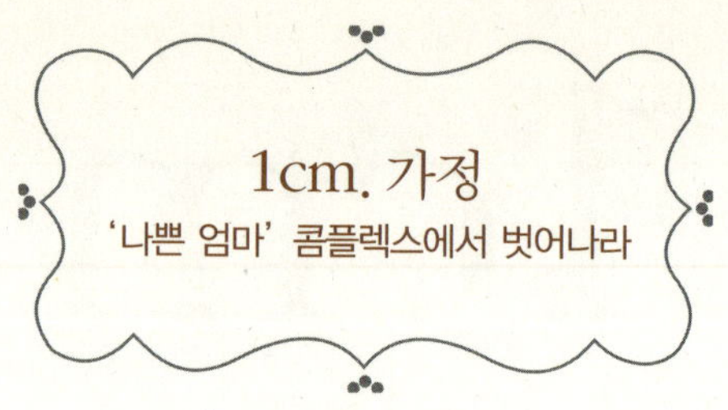

'아침마다 이별하는 여자, 나는 나쁜 여자입니다.' 2009년 9월 15일, 지하철 무가지 1면에 실린 한 티저 광고가 출근하는 여성들의 가슴을 울렸다. 일과 육아 사이에서 이리 치이고 저리 치이는 워킹맘의 심경을 다룬 편지 형식으로 진행되던 이 광고는 기업 광고가 아닌, 광고회사에 다니는 워킹맘 황명은(당시 36세) 씨 개인이 게재했다. 일하면서 아이를 키우다 너무 힘들어, 자신과 비슷한 처지의 여성들을 격려하기 위해 사비 1000만 원을 들여 광고를 한 것이다.

이 땅의 모든 워킹맘들은 황 씨처럼 '나쁜 엄마'라는 굴레를 쓰고 산다. 일 때문에 아이를 돌보지 못한 엄마는 가정으로부터 '대역죄인' 취급을 받는다. 국내 언론은 물론 〈워싱턴 포스트〉에까지 소개된 황 씨의 사연은 여전히 한국 사회에서는 '현재진행형'이다. 지난 2012년 가부장적 한국 사회를 다룬 책 《남자의 종말》을 펴낸

해나 로진은 "광고가 나간 3년 뒤 황씨를 취재했지만, 한국 사회가 여전히 아무런 변화도 이뤄내지 못했다는 사실만을 확인했다"라고 꼬집기도 했다.

이런 현상이 비단 우리나라에서 목격되는 것은 아니다. 선진국인 서독에서도 어린 자녀를 두고 일하는 여성을 '까마귀 엄마raven mother'라고 일컫는다. 까마귀는 부화하자마자 둥지에서 새끼를 내쫓는 것으로 알려진 '나쁜 엄마'의 표상이다. 그런데 정말 이들이 나쁜 엄마일까. 종일반이 있어 아이를 하루 종일 맡길 수 있는 유치원 때까지만 해도 육아와 일의 병행은 가능하다. 하지만 아이가 초등학교에 진학하는 순간 워킹맘들은 엄청난 도전을 받기 시작한다. 초등학생 자녀가 학교를 마치면 마땅히 돌봐줄 곳이 없다. 방과후 돌봄교실 제도가 수용 가능한 아이들의 숫자에 한계가 있는 데다 조건이 까다로워 아무나 들어가지 못한다. 결국 여러 학원을 '뺑뺑이' 돌리는 길밖에 남는 게 없다.

2012년 8월 미국 시사잡지 〈애틀랜틱 먼슬리〉의 커버스토리로 실린 앤 마리 슬로터의 사례는 고위직 여성도 워킹맘의 굴레에서 자유로울 수 없음을 보여준다. 그는 「왜 아직도 여성은 모두를 가질 수 없나Why women still can't have it all」라는 글에서 자신의 경험을 바탕 삼아 여성이 육아와 일 모두에서 성공을 거두는 것은 결코 쉬운 일이 아니라는 현실을 보여줬다. 그는 프린스턴 대학교, 하버드 대학교 법대, 옥스퍼드 대학교를 나온 재원으로서 시카고 대학교 법대

와 하버드 대학교 법대 교수를 역임한 뒤 2009년 오바마 행정부의
국무부 정책기획실 실장에 임명된다. 하루 종일 눈코 뜰 새 없이 서
류를 검토하고 미팅을 진행하던 그는 점점 첫째 아들과 둘째 아들
에 소홀해지기 시작했다. 결국 첫째 아들은 숙제를 거르고 학교 수
업에 빠지는가 하면, 학교에서 말썽까지 일으켰다. 사춘기에 접어
든 첫째 아들이 어머니의 관심이 줄어든 것에 민감하게 반응한 결
과였다. 국무부 회의 도중 학교의 긴급 전화를 받고 달려간 그는 2
년 만에 정책기획실장 자리에서 물러났다.

　워킹맘이 이럴진대, 여성CEO들은 더욱 열악한 상황에 놓여 있
다. 회사의 모든 것을 책임지는 CEO의 역할과 가정주부로서의 역
할은 종종 충돌한다. 이민재 한국여성경제인협회 회장은 한 여성
창업자가 창업보육센터 입주 면접을 받으러 왔을 때의 이야기를
들려줬다. 일견 평범해 보이는 그가 이 회장을 포함한 면접관들을
놀라게 한 것은 한 팔에 갓난아이를 안고 있었다는 점이었다. 이 회
장은 "지원 기회는 놓칠 수 없고, 아이도 포기할 수 없어서 궁여지
책을 냈지만 매우 딱해 보였다"라며 "CEO들은 일반적으로 육아
의무에서 자유로운 것으로 알려져 있지만, 육아에서는 그들도 고
난을 겪고 있다"라고 말한다.

　현실은 이렇지만, 워킹맘에 대한 기대는 높다. 사람들은 워킹맘
에게 일과 육아, 둘 다 잘하기를 기대한다. 그러나 앤 마리 슬로터
의 사례에서 보듯 그것은 말처럼 쉬운 게 아니다. 대부분의 경우 둘

가운데 하나를 소홀히 할 수밖에 없다. 가정을 소홀히 할 경우 '나쁜 엄마' 라는 누명을, 일에 소홀할 경우 '집안일에 신경 쓰느라 일을 제대로 못한다' 라는 비판을 받는다. 이런 시선을 단적으로 보여주는 사례가 있다. 김준규 검찰총장은 지난 2011년 5월 24일 서울대학교 법학전문대학원 초청 강연에서 여성 검사 증가 추세에 대해 말하면서 "남자 검사는 집안에 무슨 일이 일어나도 집안일을 포기하고 일하는데, 여자 검사는 애가 아프다고 하면 일을 포기하고 애를 보러 간다"라고 말해 논란을 빚었다.

물론 이런 기대에 완벽하게 부응한 여성도 있다. 대표적인 인물이 2012년 야후의 신임 CEO로 선임된 마리사 메이어다. 그는 아들을 출산한 뒤 야후의 CEO로 선임돼 IT업계의 화제를 모았으며, 워킹맘이 과연 일과 육아를 병행할 수 있는지에 대한 논란을 불러왔다. 그리고 메이어는 1년 후 이 같은 논란을 완벽하게 불식시켰다. 취임 이후 텀블러 등 20개 이상의 업체를 인수하고 사진 서비스인 플리커flickr를 개편하는 한편 구조조정을 실시한 결과 2013년 8월 결국 1위 업체인 구글의 방문자 수 통계를 눌러버렸다. 야후가 구글을 누른 것은 2011년 5월 이후 처음 있는 일로서, 메이어가 취임한 지 1년 만에 극적인 변화를 일으킨 것이다. 사람들은 그가 갓난아이를 출산한 직후에도 이와 같은 성과를 거뒀다며 워킹맘의 승리라고 평가한다. 그러나 비판자들은 메이어의 사무실에 육아실이 마련돼 있었고, 사무실을 떠나지 않고도 아기를 돌볼 수 있는 환경에 있다는 점을 지적한다. 메이어는 심지어 재택 원격근무를 금지하면서 워킹맘들에게도 이 규정을 그대로 적용해, 같은 처지의 여성들을 전혀 이해하지 못하고 있다는 원성을 들었다.

2012년 경기도가족여성연구원이 실시한 경기도민 여성가족정책 수요조사에 따르면, 가구주의 약 80%는 일과 가정생활을 병행하는 데 어려움을 경험하는 것으로 나타났다. 그런데 성별에 따라 어려움을 느끼는 영역에 차이가 있었다. 남성 가구주는 가정영역의 어려움(37.9%)보다 직장영역의 어려움(42.2%)이 더 큰 것으로 나타난 반면, 여성 가구주는 직장영역의 어려움(26.5%)보다 가정영역의 어려움(42.9%)을 더욱 크게 느꼈다. 가정영역의 어려움이란 가사노동 부담, 자녀양육, 자녀교육, 일하는 것에 대한 가족들의 이해 부족 등을 합한 결과다. 직장영역의 어려움은 불규칙한 근무시간, 과중한 업무, 가정생활을 중요하지 않게 여기는 회사 분위기 등을 합한 결과다. 여성들이 상대적으로 남성들보다 가정영역에서의 책임감을 더 크게 느끼고 있다는 방증이다.

페이스북 최고운영책임자COO이자 2012년 미국 〈타임〉지의 '세계에서 가장 영향력 있는 100인'에 꼽힌 셰릴 샌드버그는 자신의 책 《린 인Lean In》에서 "남편이 진정한 동반자가 되기를 바란다면 남편을 동등하게 자신과 똑같이 유능한 짝으로 대우해야 한다"라고 말한다.

샌드버그는 문지기 행동maternal gatekeeping을 보이는 아내가 가사 노동에 들이는 시간이 협력하는 방법을 선택하는 아내보다 주당 5시간이나 많다는 것을 일깨운다. 남편들이 가사일을 어설프게 분담하려고 할 때마다 보다 못한 여성들이 나서서 "저리 비켜요, 내가 할게요!" 하며 가로채면, 처음에는 분담되던 가사일이 어느새 아내 쪽으로 쏠리게 된다는 것이다. 샌드버그는 "아내가 문지기처럼 행동해서 육아 책임을 맡기기를 주저하거나 남편의 노력을 비판한다면, 남편이 하는 부모 역할은 그만큼 줄어들 것"이라면서 "남편이 손수 하겠다고 나서면, 본인이 원하는 방식대로 하도록 내버려두라"라고 조언한다.

그러기 위해서는 '어떤 동반자를 맞이할 것인가'에 대해서 진지하게 생각해야 한다. 25세에 도널드 트럼프에게 발탁돼 10년간 굴지의 트럼프 그룹 CEO를 역임한 캐롤린 캡처는 저서 《여자성공법칙 101》에서 결혼해서 아이를 낳고 직장에 다니려는 여성들은 반드시 배우자를 신중하게 골라야 한다고 조언한다.

대부분의 성공한 여성 CEO들이 '트로피 남편trophy husband'을 두고 있는 것은 우연이 아니다. 트로피 남편이란 바쁜 아내 대신 가사를 도맡는 남성을 뜻하는 말이다. 〈포천〉지가 미국에서 성공한 여성 CEO 50명의 남편을 조사한 결과 3분의 1이 트로피 남편이었다. HP의 최초 여성 경영자였던 칼리 피오리나의 남편 프랑크 피오리나는 AT&A 법인담당 부사장직을 내놓고 가사를 도맡았다. 그는 명함에 '칼리 피오리나의 외조자'라고 새기기까지 했다.

이는 외국에 국한된 사례만은 아니다. 한경희 한경희생활과학 대표 역시 남편과 가족들이 '동반자'를 자처해 성공할 수 있었다. 한 대표는 "남편과 부모님, 시부모님 모두 한마음으로 격려하며 믿어주고, 동반자를 자처했다"라며 "직원들에게도 가족과 스킨십을 많이 하라고 권하고, 수요일 야근 금지령을 내렸다"라고 말했다. 국내 최대 녹차 테마파크를 설립한 박영순 다희연 회장 역시 어머니의 도움으로 자녀 양육과 일, 두 마리 토끼를 잡았다. 박 회장은 "여성들이 일과 살림살이 모두 완벽히 해낼 수 있다면 모를까, 반드시 누군가의 희생이 따른다"라면서 "어머님의 도움 덕택으로 자녀 양육도 가능했다"라고 말했다.

결국 여성이 가정에서 성공하려면

1. 여성의 가사를 기꺼이 분담하려는 배우자를 신중하게 선택하고
2. 주저하지 말고 배우자, 가족들과 가사노동을 분담하며
3. '나쁜 엄마' 콤플렉스에서 벗어나야 한다.

물론 여전히 많은 남성들이 가사일을 꺼리는 것이 현실이다. 특히 가부장적 문화가 아직 남아 있는 한국에서는 더욱 그렇다. 2013년 6월 한국보건사회연구원이 전국 8309가구를 대상으로 실시한 전국 출산력 및 가족 보건복지 실태 조사에 따르면 87.6%가 '집안일과 양육을 아내가 주로 한다'라고 응답했다. 가사노동을 반씩 나

뒤 한다는 응답은 10.6%에 불과했으며, 남편이 주로 한다는 응답은 1.9%에 그쳤다. 남편의 주된 가사분담 형태 역시 '시장보기', '아이와 놀아주기' 정도이며 식사준비·설거지·세탁 등은 85% 이상이 여전히 여성의 몫이었다.

하지만 남성들의 인식도 점점 나아지고 있다. 2013년 5월 안전행정부에 따르면 육아휴직을 신청한 남성 공무원이 2297명으로 3년 전에 비해 4.5배 증가했다. 1995년 12명에 불과했던 것을 감안하면 우리 사회의 인식도 점점 나아지고 있다는 증거다. 직장에 나가는 아내 대신 집안일을 도맡는 '홈대디' 남편이 15만 쌍을 넘어섰다는 통계도 나왔다.

한경희

| 한경희생활과학 대표 |

이름이 곧 브랜드,
세계적인 가전 CEO를 꿈꾸다

"남편과 부모님, 시부모님 모두 한마음으로 격려하며 믿어줬습니다. 동반자를 자처한 가족 덕분에 운도 따른 것 같고 지금 이 자리에 왔습니다. 직원들에게도 가족과 스킨십을 많이 하라고 한답니다. 수요일 야근 금지령을 내린 것도 그 때문이었죠."

의외였다. 한경희생활과학을 삼성·LG전자에 이은 제3의 브랜드로 키워낸 한경희(49세) 대표는 둘째가라면 서러운 '일 중독자' 일 것으로 생각했다. 가뜩이나 남성 전유물에 가까운 굴뚝산업인 가전 제조업체의 대표라고 하니 말이다. 그러나 그도 자식 때문에 울고 웃는 우리네 '엄마' 였다. 좀 더 솔직히 말하자면 일도 가정도 모두 성공하겠다는 슈퍼우먼과 비슷했다. 일하는 중 틈틈이 두 자녀를 위해 '철이와 찬이네 가족이야기' 라는 만화 일기책도 직접 쓸 정도였으니 말이다. 엄마를 보고 싶어 하는 아이들 마음과 늘 같이 있어주지 못하는 엄마의 미안한 마음을 담은 만화책이다. 이 책을 읽고 자란 두 자녀는 어느덧 중학생이 됐다.

"극성스러운 엄마는 아니었지만 적어도 자녀가 초등학교를 다닐 때까지는 직접 돌봐야 한다고 생각했어요. 그 시기엔 꼭 엄마가 필요하다는 개인적인 신념 때문이었죠. 머리맡에서 책을 읽어주면서 재워주는 원칙을 꼭 지켰습니다. 학부모 모임에서도 굳이 '한경희'란 사실을 알리지 않으려고 했어요. 중학생이 된 지금은 같이 늦어요. 일주일에 2~3번 함께 스쿼시를 즐기며 이야기를 나눕니다. 외부활동도 조금씩 시작하고 있죠."

그동안 가정에 좀 더 우선순위를 둔 덕분일까. 한 대표는 〈월스트리트 저널〉과 〈포브스 아시아〉에서 주목할 파워 여성기업인으로 꼽았지만 CEO라는 명함 이외의 변변한 외부 직함은 없다. 인지도와는 달리 회사 설립 이후 12여 년간 외부활동을 하지 않은 채 오로지 회사와 집만 오가는 은둔 경영(?)을 한 탓이다. 오죽했으면 업계에서조차 그를 '유명한 것과 달리 생전 얼굴을 볼 수 없는 경영인'이라고 평가했을까. 개인적인 외부활동을 시작한 지 이제 3년 차가 됐다.

그래서 더 궁금했다. 5급 공무원의 안정적인 직장을 기반으로 비교적 손쉽게 엄마, 아내 역할을 해오던 그가 굳이 창업이라는 고난의 길을 자처한 이유가. 그의 목소리에는 점점 힘이 들어갔다.

공단 이미지를 벗고 구로디지털단지와 함께 G밸리로 새롭게 거듭났다는 가산디지털단지 안에 자리 잡은 한경희 생활과학. 첨단 빌딩 숲 사이에서도 한눈에 쏙 들어올 정도의 첨단 사옥이겠지, 하는 기대는 순식간에 사라졌다. 빌딩 숲의 가산디지털단지역에서 2km 정도 떨어진 곳에 위치한 한경희생활과학은 디지털 이미지와는 딴판이었다. 낡은 공장동과 사무실동, 전시관 등으로 이뤄진 사옥에서는 첨단보다 되레 옛 구로공단의 역사가 느껴졌다. 한 대표는 "IT벤처가 아니라 3D 산업 중의 하나인 굴뚝, 제조업체다 보니 아직 공단 느낌이 강한 편"이라며 "창업 당시에 IT벤처 붐이 불어 혹시나 하며 기대를 했지만 역시였다"라고 말했다. 낡은 외관 자체가 3대 가전 브랜드가 되기까지 겪어온 숱한 시련을 고스란히 보여주고 있었던 셈이다.

첫 시련은 창업 전부터였다. 사실 오늘날 '한경희' 브랜드를 키워낸 스팀청소기의 개발 계기는 걸레질이 싫어서였다. 두 아이 엄마로서 직장과 집안일을 병행한다는 것은 당시 공무원이던 한 대표에게도 힘든 일이었다. 특히 무릎을 꿇고 엎드려 해야 하는 걸레질이 제일 힘들었다.

"걸레질이 우리나라 여성들의 타고난 원죄인가 보다" 하며 투덜거리던 그의 인생이 전환점을 맞은 것은 플라스틱 소재의 스팀다리미인 '슈슈다리미'를 본 1999년이었다. 그는 "슈슈다리미에 막대봉을 꽂으면 스팀청소기가 되겠구나, 생각하고 대뜸 사업에 뛰어들었다"면서 "꼭 필요한 제품을 만들어 우리나라 주부들을 걸레질에서 해방시켜야겠다는 신념도 있었다"라고 회상했다.

하지만 개발부터 만만찮았다. 바닥청소를 하기 위해서는 다리미보다 스팀의 양이 많아야 했고, 일정한 스팀을 꾸준히 배출하는 기술도 필요했다. 스팀다리미에 봉을 꽂으면 완성되는 그저 그런 제품이 아니라 완전히 다른 제품을 개발해야 했던 것이다.

유통도 문제였다. 꼭 필요한 제품이니 개발만 하면 사람들이 줄을 서서 사갈 것으로 자신했지만 착각이었다. 그러다 보니 5000만 원이면 충분할 줄 알았던 사업 자금은 어느 순간 8억 원을 넘었다. 그가 예비창업자들에게 "창업 전 그 분야의 영업을 최소 2~3년을 한 이후 뛰어들어라" 하고 조언하는 것도 이 같은 경험에서 비롯됐다.

정부 자금을 지원받기도 쉽지 않았다. 당시 사회적 분위기가 IT·하이테크놀로지 분야로 자금 지원이 집중된 데다 여성 경영인에 대한 편견도 심했다.

"창업 초기 정부지원 자금을 신청했더니 평가하러 온 컨설턴트가 '당신 남편이 무슨 사업을 하다가 망해서 당신이 바지사장을 하느냐'며 다그친 적이 있어요. 당시는 여성 경영인이 정말 자리 잡기 힘든 문화였죠. 매일 이러다간 길바닥에 나앉을 수도 있겠다는 생각을 했었습니다."

포기하려던 그에게 힘을 준 이는 남편이었다. 당시 삼성물산 출신으로 무역업을 하고 있던 남편은 한 대표에게 유통과 무역에 대한 조언을 해주며 힘을 불어 넣어줬다.

"남편 사업도 힘든 상황이었지만 제 꿈을 포기하지 말라고 격려해줬습니다. 함께 사업계획서를 검토하고 지인들을 소개해주고 했죠. 남편의 외조 덕분에 지금의 한경희생활과학이 있는 것 같아요."

동반자를 자처하던 한 대표의 남편은 현재 한경희생활과학의 회장을 맡으며 중장기 사업계획과 연구개발 부문을 책임지고 있다. 마케팅·유통·홍보는 한 대표 몫이다. 직원들도 든든한 조력자였다. 연구·개발 부서는 물론 전 직원이 끊임없이 아이디어를 냈다. 유통 마케팅 직원들은 대형마트와 양판점 등을 뛰어다니며 유통망을 뚫었다. 이들은 사업 자금 부족으로 인해 4년 2개월간 월급을 제날짜에 받지 못했지만 기다려줬다.

다행히 스팀청소기에 대한 입소문이 나기 시작했고 이는 홈쇼핑 진출로 이어졌다. 반신반의하던 첫 방송 후 구매는 폭발했다. '관절염에 걸레 청소를 못했는데 고맙다', '엄마한테 선물하고 칭찬받았다' 등등 고객들의 편지가 이어졌고 이는 자연스럽게 브랜드 가치로 연결됐다. 이제는 '한경희'란 브랜드만 믿고 제품을 구매하는 고객들이 상당수에 이른다. 든든한 멘토를 자처하던 직원들 덕분에 포기하지 않은 결과다.

"꿈을 갖고 자기가 도전할 일이라고 생각한다면 끝까지 해야 합니다. 끝까지 제대로 준비해서 포기하지 않는 게 중요합니다."

한 대표의 다음 목표는 2020년까지 전 세계 최고의 가정생활용품 회사로 제2의 도약을 하는 것이다. 최근 자세교정 책걸상 시스템 '백솔루션Back Solution'을 내놓는 등 제품군을 확대하고 있는 것도 이러한 비전에 따른 것이다. 2013년 들어 가두 매장을 확대하는 것도 같은 배경이다. 2013년 상반기 기준 한경희생활과학의 가두 매장은 40여 개로, 연말쯤이면 60곳으로 늘어날 전망이다.

그는 "브랜드에 걸맞은 좋은 제품을 만들어 소비자들이 행복해지길 바란다"라며 "빠르면 올 연말께 그동안 상상도 못했던 제품으로 소비자들의 삶을 혁신적으로 바꿀 것"이라고 말했다. 상상도 못했던 제품이 와 닿지 않는다고 했더니 "주방에서 쓰는 제품이라는 사실만 밝힐 수 있다. 3~4년을 상상해오던 제품인데 작년에 기술적 해결책을 찾았다. 깜짝 놀랄 것"이라고만 답했다.

한 대표의 또 다른 꿈은 직원들의 행복이다.

"저한테 가장 큰 고객은 직원들입니다. 사회적으로나 가정적으로나 '행복한, 성공한' 사람들이 모인 회사를 만드는 게 꿈입니다. '나와 가족에게 행복을 주는 일을 하는 회사', 포기하지 않고 도전해야죠."

한경희 대표는?

▲1964년 서울 출생 ▲1982년 대화여고 졸업 ▲1986년 이화여자대학교 불어불문학과 졸업 ▲1986~1988년 국제올림픽위원회(IOC) 근무 ▲1990년 미국 캘리포니아 주립대학교 경영대학원(MBA) 마케팅 석사 ▲1997~1999년 교육부 교육행정사무관 ▲1999년~2013년 현재 한경희생활과학 대표 ▲2005년 발명의 날 대통령 표창 ▲2008년 〈월스트리트 저널〉 선정 '주목할 만한 여성기업인 50인' ▲2012년 〈포브스 아시아〉 선정 '아시아 파워 여성기업인 50인'

한경희생활과학은 어떤 기업?

한경희생활과학은 스팀청소기와 스팀다리미 등 '스팀' 가전제품으로 유명한 중견기업이다. 1999년 회사 설립 후 2001년 첫 번째 바닥청소용 스팀청소기를 내놓은 이후 2013년 현재 국내 스팀청소기 시장의 87.5%를 점유 중이다. 2006년 출시한 스팀다리미 역시 26.4%의 시장점유율로 1위를 기록 중이다. 해외시장 공략도 적극적이다. 미국과 중국 등에 해외 지사를 설립하고 2013년 10여 나라에 수출 중이다. 2012년 가전 매출은 국내외를 합쳐 1000억 원으로 이 가운데 해외비중이 30% 정도 된다. 뷰티 부문까지 포함한 총 매출액은 1600억 원이었다.

한경희생활과학은 스팀 가전 전문회사에서 세계 최고의 가정생활용품 회사로 도약한다는 게 목표다. 이를 위해 책상과 의자가 세트로 구성된 백솔루션이라는 기능성 책걸상도 출시했다. 기존 자세교정 의자는 앉을 때 목을 심하게 숙이는 습관까지는 잡아주지 못한다는 단점이 있었지만, 백솔루션은 책상과 의자가 시스템으로 구성돼 상체 전체의 라인을 바르게 만들도록 설계됐다. 최근 한국외국어대학교 스포츠건강과학센터 김태영 교수팀과의 임상실험에서 자세교정과 피로감 감소 효과도 인증 받았다.

박영순

| 다희연 회장 |

가족과 건강,
두 마리 토끼를 잡다

"여성들은 사회에 나가서도 육아 때문에 힘든 경우가 많아요. 일과 가정을 완벽히 해낼 수 있다면 모를까, 반드시 누군가의 희생이 따르게 마련이죠. 저는 일을 하면서도 되도록이면 아이들과 함께하는 시간을 많이 가지려고 노력했어요. 자녀 양육이 우선이라는 생각이 있었는데 모두 어머님의 도움 덕분에 가능했죠."

약국 체인 회장과 녹차종합테마파크 회장이라. 언뜻 봐서 약과 녹차의 조합은 잘 맞지 않는다. 30여 년 동안 경영해온 약국을 그만두고 아무런 연고도 없는 제주도에 내려가 직접 녹차 밭을 일구었다니 더욱 궁금증만 커진다. 도대체 무슨 연결고리가 있는 걸까. 박영순(67세) 다희연 회장을 만나보니 답은 명료해졌다. 박영순 회장이 찾은 연결고리는 '가족'과 '건강'이었다. 제주시 조천읍 선흘리 거문오름 일대 20만여㎡(약 6만 평)에 펼쳐진 다희연은 이런 고민을 오롯이 담은 곳이자, 그의 인생 2막이 진행되고 있는 무대다.

제약사나 약사들 사이에서 박영순 회장은 유명인사다. 1990년 온누리약국 체인을 설립해 20년 만에 소속 약국만 1500여 개가 넘는 국내 최대 약국 체인으로 키워냈다. 처음부터 약국 체인을 설립하겠다고 마음먹은 것은 아니었다. 박 회장도 여느 개국약사들과 마찬가지로 약학대학을 졸업하고 나서 약국 문을 열었다. 지금처럼 의사가 처방하고 약사가 조제하는 의약분업 전의 시절이라 마음껏 약을 조제할 수 있었다. 환자와 약사 간 힘의 균형은 깨져 자연스럽게 전문 공급자인 약사에게로 쏠렸다.

박 회장은 바로 이런 점이 안타까웠다. '개국 약사는 고객들의 아픔을 어루만져주고 아픔을 덜어줘야 한다'라고 봤기 때문. 때로는 약 한 봉지보다 따뜻한 위로나 친절한 말 한마디가 더 좋은 약이 된다고 믿었다.

"약국 체인을 만들었던 1990년대까지는 약국이라는 공급자가 우월의식으로 고객들에게 별로 친절하지 않았어요. 그래서 모든 약사들이 '고객을 진정으로 위로하는 약사가 되도록 하자'라는 목적으로 다른 개국 약사들과 함께 체인을 만들었죠."

기하급수적으로 회원 수가 늘면서 박 회장은 자연스레 개인 약국에서 손을 떼고 체인 경영에만 몰두했다. 개인 약국을 할 때와 달리 업무 외적인 것까지, 신경 써야 할 일이 한두 가지가 아니었다. 게다가 약국 체인 회원들과 함께 건강기능식품회사 '렉스진바이오텍', 미국 신약개발회사 '렉산'을 설립하는 등 사업을 확장하다 보니 눈코 뜰 새 없이 바빠졌다. 박 회장은 복잡하게 얽힌 일일수록 간단히 생각하자고 마음을 다잡았다.

"천성이 세상일을 복잡하게 생각하지 않아요. 할 수 있는 것만 하고 할 수 없다면 포기하면 되지 않을까요. 사람들이 스트레스를 받는 건 할 수 없는 일을 하려고 안간힘을 쓰기 때문이라고 생각해요. 만약 내가 할 수 없는 업무 외적인 일이라면 포기하면 그만이죠.”

박 회장은 온누리약국 체인 설립 20주년이던 2010년, 회장직에서 내려왔다. 온누리약국 체인이 이미 자리를 잡은 데다 다희연 사업에 본격 매진하기 위해서였다.

평생 약 공부만 해온 박 회장이 녹차와 ‘외도’를 한 것은 꽤 오래 전부터다. 개국 약사이던 1978년 양약만으로는 질병 치료에 한계가 있다고 생각해 약대를 졸업한 지 10년째 되던 해 원광대학교 생약학과 석사과정에 입학했다. 늦깎이 공부를 시작하면서부터 녹차에 푹 빠졌다.

“공부를 하다 보니 혈관의 노화를 억제하는 최상의 물질이 ‘카테킨’이고 이 물질이 녹차에 아주 많이 함유되어 있다는 사실을 알게 됐어요. 학위를 받으면 사람들을 건강하게 하는 녹차사업을 즉시 시작해야겠다고 생각했죠.”

그러나 박사과정을 마치고 개국 약사들에게 약국 경영과 생약에 대한 강의를 한 것을 계기로 약국 체인을 이끌게 되면서 녹차를 한동안 잊고 살았다. 박 회장이 다시 녹차와 만난 건 남편이 세상을 떠난 2004년이었다.

“‘(남편과) 백년해로를 하려면 살아 있는 자가 죽은 자 곁에 가는 수밖에 없겠구나’ 생각을 했어요. 그래서 생각해낸 것이 유골을 모신 곳 옆에 집을 짓고 백년해로를 하면서 평소에 하고 싶던 녹차를 심자는 거였어요."

　이때부터 녹차 재배의 최적지 찾기가 시작됐다. 결론은 제주도였다. 화산암반 토양이어서 물 빠짐이 좋고 대량기계 영농이 용이했다. 녹차에는 벌레가 많이 달려들어 일반적으로 농약을 많이 치는 편인데, 박 회장은 유기농 녹차를 키우기 위해 농약이나 화학비료에 전혀 물들지 않은 땅을 구했다. 2005년부터 1년 동안 밀림 수준이던 땅을 개간했다. 2006년 2년생 유기농 녹차 묘목을 심고 2008년 4월 초 처음으로 새순을 땄다. 박 회장은 연초록의 새순이 올라오는 모습을 바라보던 그 때의 설렘을 아직도 잊지 못한다.

　그의 녹차 사업이 탄탄대로를 걸은 것만은 아니었다. 처음으로 녹차 묘목을 심은 이듬해, '한국에서 유통되는 녹차들에 농약이 지천'이라는 보건당국의 발표가 크게 났다. 녹차 잎을 따보지도 못한 상태에서 녹차사업이 사양길로 접어들었다. 더욱이 향이 강한 커피를 선호하는 추세도 다시 설 힘을 꺾어버렸다. 박 회장은 고심 끝에 사업 방향을 틀었다. 현재의 녹차종합테마파크 '다희연'의 구상이 이때 나왔다.

　"다희연 콘셉트를 관광다원으로 하고 유기농 녹차사업은 부차적인 것이 됐죠. 마침 밀림 속에 숨어 있던 작은 동굴 2개가 발견되어 이를 기반으로 해서 관광사업으로 전향해버렸죠."

　국내 최대 규모의 약국 체인부터 손꼽히는 녹차종합테마파크까지 성공리에 이끌고 있는 박 회장을 보노라면 사업가적 기질이 충만하다. 하지만 박 회장은 손사래를 쳤다. "스스로 냉정히 평가해 보면 주어진 일을 열심히 할 뿐 어쩌다가 사업으로 발전했다"라며 쑥스러워한다. 대신 주변에 그 공을 돌렸다. 약국 체인을 설립하는 게 어떻겠냐고 먼저 제안한 것도 당시 박 회장의 강의를 듣던 개국 약사들이었고, 사업 확장도 회원들과 함께한 일이라 가능했다는 것이다.

가족도 큰 힘이 됐다. 덕분에 사회에 진출한 여성들이 으레 겪는 '두 마리 토끼 잡기'에 대한 어려움도 상대적으로 적었다. 주어진 현실 안에서 자녀 양육을 최우선으로 두고, 할 수 있는 최대치의 능력을 발휘했다.

"아이들을 외할머니께서 정성스레 키워주셔서 일찍 사업에 몰두할 수 있었어요. 그래도 약국과 집을 같은 공간에 두고 아이들이 학교에서 돌아오면 엄마가 먼저 눈에 띄도록 했고, 약국과 집이 떨어져 있을 땐 막내가 하교하는 오후 4시 반 전에는 반드시 퇴근해 집에 들어가 있었어요."

첫째 딸은 다희연 대표로 취임해 일을 돕고 있다. 2011년부터 박 회장과 함께 다희연을 꾸려오던 임선민 전(前) 한미약품 사장이 2013년 초 태준제약 영업 총괄사장으로 옮기면서부터다.

박 회장은 '운 좋게' 사업에 몰두할 수 있도록 환경이 뒷받침됐다고 하지만, 많은 여성 CEO들은 현실의 벽에 부딪힌다. 이들에게 박 회장은 자신의 경험을 들려줬다.

"'생소한 사업인 데다 여성 대표로 사업을 꾸려나가는 데 어려움이 없었습니까?' 라는 질문에 항상 '저는 여성이 아니고 그냥 사람입니다' 라고 답해요. 사업도 마음가짐에 따라 얼마든지 단순할 수 있어요. 욕심을 부려 사업을 크게 키우는 사람도 있지만 지금 내 눈에 보이는 것만 하다 보면 큰 어려움은 없어요."

스스로를 가리켜 "단세포 동물처럼 단순하다"라고 자평하듯, 욕심을 버리면 답이 나온다는 의미다.

박영순 회장은?

▲1946년 울산 출생 ▲1968년 부산대학교 약학대학 약학과 졸업 ▲1985년 원광대학교 대학원 생약학박사 ▲1990~2010년 온누리약국 체인 설립·회장 ▲1997~2010년 온누리약사복지회 설립 ▲1997~2002년 렉스진바이오텍 설립·회장 ▲2000년 미국 캘리포니아 한의사 면허 취득 ▲2002~2008년 미국 메릴랜드 주 렉산 설립·이사 ▲2002년 오앤씨에듀 설립·이사 ▲2005년 농업회사법인 경덕(다희연) 회장

다희연은 어떤 기업?

지난 2010년 문을 연 다희연(茶喜然)은 세계자연유산인 거문오름 용암동굴계가 자리 잡은 제주도 조천읍 선흘리 일대에 위치한 녹차종합테마파크다. 20만여㎡나 되는 널따랗게 펼쳐진 녹차 밭에 차 문화관과 레스토랑, 카페 등을 갖췄다.

다희연은 '차는 자연의 즐거움'이라는 뜻처럼 화학비료와 농약, 제초제 등을 전혀 쓰지 않은 자연 그대로의 유기농 녹차를 재배한다. 국내에서 유일하게 녹차 잎의 '카테킨'을 폴리페놀로 분해하는 발효제품이 자랑인데, 이 제품은 마시면 바로 몸에 흡수된다고 한다. 박영순 회장이 2005년 밀림이던 땅을 개간하고 녹차묘목을 심어 직접 가꾼 만큼 애정이 남다르다.

녹차종합테마파크를 표방하듯 주요 사업은 녹차가 아니라 관광이다. 밀림을 가꾸던 중 발견된 동굴 2개를 천연동굴 카페로 변신시켰고, 녹차 밭에서는 녹차 따기와 녹차비누 만들기 등 다양한 체험 프로그램을 진행한다. 차문화관에서는 도예 명장들의 다완 작품 400여 점과 전통 도자기, 다기 등을 감상할 수 있다. 다도를 직접 체험할 수 있는 다례실도 있으며, 레스토랑에서는 유기농 녹차를 기반으로 한 돈가스, 비빔밥 등을 선보인다.

다희연의 2012년 매출은 15억 원이며 2013년은 20억 원 달성을 목표로 하고 있다.

2cm 인맥

빨리 가려면 혼자 가고,
멀리 가려면 함께 가라

김양미 베스트비즈 · 와우몰 대표 / **하지원** 에코맘코리아 대표 / **김미경** 이오에스 대표

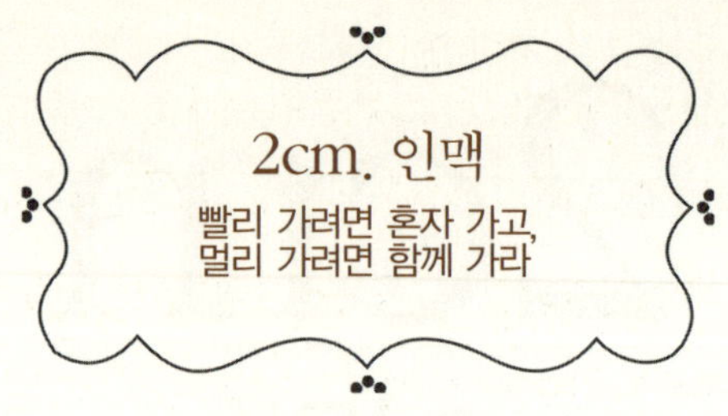

'오바마의 현인' 워런 버핏이 이끄는 버크셔 해서웨이는 78개 자회사를 두고 있다. 전 세계적인 '투자의 달인' 으로부터 투자를 이끌어냈다는 것만으로도 충분히 화제를 낳은 78개의 인연들은 저마다 극적이고 드라마틱하다. 홍보 대행사인 비즈니스 와이어가 버크셔 해서웨이의 자회사가 된 것은 한 통의 편지 덕분이었다. 비즈니스 와이어의 캐시 배론 탐라즈 CEO는 2005년 11월 12일 생면부지의 버핏에게 투자를 권하는 편지를 띄웠다. 버핏은 마지막 문장에 마음을 빼앗겼다.

"회사를 안전하게 경영하고 있고 불필요한 지출은 자제하고 있습니다. 비서도, 경영진도 없습니다. 기술 경쟁력을 바탕으로 사업을 발전시키기 위해 거액을 투자할 계획입니다."

이튿날 버핏은 캐시에게 전화를 걸었다. 캐시가 "안녕하세요, 버핏 씨"라고 인사하자 버핏은 "그냥 워런이라고 부르세요"라고 화답했다. 이 순간 두 사람은 이미 친구가 되었고, 둘 사이엔 깊은 인맥(人脈)의 다리가 연결되었다. 이듬해 2월 26일 버핏은 6억 달러에 비즈니스 와이어를 인수했다. 캐시는 이렇게 회고했다.

"힘든 일을 피할 수 있는 길은 없습니다. 기회를 찾으세요. 크림을 휘저으면 산더미처럼 부풀어오를 겁니다."

그에게 '기회' 란 워런 버핏을 자신의 '인맥지도' 에 넣는 선택이었고, 크림이 산더미처럼 부풀 듯 비즈니스 와이어는 버크셔의 산하에서 도약의 날갯짓을 멈추지 않고 있다.

미국 하버드 대학교 경영대학원의 린다 힐 교수는 ▲자기 자신을 관리하고 ▲인맥을 관리하고 ▲팀을 관리하는 것을 리더십의 3대 원칙으로 꼽았다. 스스로 최고가 되고, 내가 속한 조직을 최고로 이끄는 것만큼 인적 네트워크를 구축하는 일이 중요하다는 충고다. 특히 여성 리더들은 사회 진출의 역사가 짧아 인적 네트워크가 열악하다. 나와 내 조직의 경쟁력은 물론, 생산적이고 발전적인 인맥 구축에 역량을 집중해야 하는 것도 그래서다.

하지만 현실은 그렇지 않다. 여성들이 인맥을 구성하는 방법은 남성들에 비해 소극적이고 간접적이며 개인적이다. 하버드 대학교 경영대학원이 2013년 1월 발간한 〈하버드 비즈니스 리뷰HBR〉는 여성이 사회 경쟁에서 뒤지는 6가지 원인 가운데 하나로 '네트워크 패러독스' 를 꼽았다. 남성 리더가 인맥을 사업에 적극 활용하는 반면, 여성은 '사교interacting'에 그친다는 지적이다.

우리나라 상황도 비슷하다. 온라인 취업 포털 사람인이 2012년 직장인 2328명을 대상으로 설문 조사한 결과, 인맥을 구축하는 방법으로 남성은 '술자리'(65.7%)를 가장 선호한 반면 여성은 '문자 메시지'(62%)를 주로 이용했다. '인맥이 성공과 발전에 필요한가?'라는 질문에 전체 응답자의 98.4%가 '그렇다'고 답할 정도로 인적 네트워크의 필요성은 인정하면서도 방법론에서 여성은 남성과 큰 차이를 드러냈다. 술자리에서 얼굴을 마주보고 오랜 시간 감정을 교류하는 남자와 달리 여성은 짧지만 잦은 소통을 선호했다. 여성의 이 같은 방법이 효율적일 수 있다는 시각을 인정하더라도 '그냥 아는' 사이가 아닌 '깊은 인연'을 구축하는 일이라면 더 적극적이고 감성적이며, 헌신적이어야 한다는 지적이다. 때론 캐시처럼 선제적일 필요도 있다. 캐시가 버핏에게 먼저 손을 내밀어 인맥지도를 그렸듯이, 여성 스스로 네트워크의 뿌리를 내리고 가지를 치는 허브 역할에 적극 나서야 한다. 세계적인 비즈니스 네트워크 BNI 창설자 이반 미스너와 BNI 캐나다 설립자 돈 모건이 함께 펴낸 인맥관리의 고전 《휴먼 네트워킹Masters of Networking》(2000년)도 "앉아서 기다리는 것이 아니라 세일즈맨처럼 직접 사람들을 찾아나서야 한다"라고 조언한다.

성장이냐 퇴보냐, 생존이냐 추락이냐, 기업 환경은 이렇듯 살벌하고 냉정하다. 인적 네트워크는 퇴보와 추락에서 벗어나 성장과 생존으로 나아가는 에스컬레이터다. 잘못된 인맥은 역주행하는 에스컬레이터처럼 목적지에서 오히려 멀어진다. 인맥이라는 형식이 아니라 어떤 인맥이냐가 중요하다는 얘기다. 성장과 발전을 보장하는 인맥은 과연 무엇일까.

기업경영전략가인 스티븐 베리가 2009년 펴낸 《세렝게티 전략》은 광활한 아프리카 세렝게티 초원에서 삶과 죽음의 경계를 넘나드는 야생동물들의 생존전략을 기업에 적용한 경영전략서로 잘 알려져 있다. 그 생존전략은 인맥에도 고스란히 적용된다. 예를 들어 풀을 뜯는 초식 동물들은 기린 근처에서 머무는 것을 좋아한다. 3m가 넘는 큰 키에서 제공하는 드넓은 시야, 4~5km 거리까지 볼 수 있는 기린의 탁월한 시력은 포유동물의 공격을 조기에 감지하는 최첨단 경보 시스템이다. 또한 얼룩말은 이동할 때 누영양 무리에 섞인다. 무리의 일부가 되는 것이 다수 속의 안전을 꾀한다는 사실을 본능적으로 알고 있기 때문이다.

초식동물이 기린을 찾고, 얼룩말이 누영양 무리에 합류하는 것은 약점을 보완하고 장점을 극대화하는 인맥 구축의 전략과 닮았다. 문제는 누구 곁에 머무느냐다. 사자를 피하려다 하이에나 무리 근처에 간다면? 탐욕의 눈이 희번덕거리지 않는다고, 날카로운 송곳니와 비수 같은 발톱이 보이지 않는다고 방심하는 것은 자살 행위다. 모건스탠리의 루스 포랏 최고재무관리자CFA는 "최고의 후원자는 기회의 문을 열어주는 사람, 실수를 저질렀을 때 나를 대신해

보호해주는 사람"이라고 정의했다. 비즈니스 세계는 세렝게티보다 살벌하고 잔인할지 모른다. 기린처럼 멀리 내다보는 혜안, 얼룩말처럼 시장의 흐름을 관통하는 감각을 갖춘 이들을 인맥지도에 넣어야 한다.

성공적인 인맥관리의 또 다른 키는 확장성이다. 옥스퍼드 대학교 인류학과 로빈 던바 교수가 정립한 '던바수Dunbar's number'라는 게 있다. 사람이 관계를 맺을 수 있는 숫자는 150명이 한계라는 것이다. 그 이상의 관계는 실속이 없는 형식적인 만남일 뿐이라는 주장이다. 150명에 대해서도 던바 교수는 신뢰 관계를 유지할 수 있는 상대는 50명, 좋은 친구는 15명, 가장 친한 친구는 5명까지 가능하다고 세분화했다. 던바수와 비슷한 '250명의 법칙'도 있다. 자동차 판매왕으로 기네스북에 오른 조 지라드가 주장한 것이다. 한 사람이 관계를 유지할 수 있는 숫자가 250명이라는 것이다. 150과 250 사이에 100이라는 격차가 존재하지만 던바 교수와 조 지라드의 주장은 다음 한 문장으로 귀결된다.

"인적 네트워크는 무한대로 확장되지 않는다."

인맥지도를 그리는 과정에서 이는 매우 중요한 함수다. 사람마다 다르지만 100명이든, 1000명이든, 1만 명이든 한계는 있을 수밖에 없다. 그렇다면 이 한정된 관계를 어떤 대상으로 채울 것인가가 관건이다. 그 대상 한명 한명이 또 다른 인적 네트워크의 꼭짓점이라면? 내 인맥지도는 또 다른 인적 네트워크와 다계층으로 연결

되면서 무한정 확장할 수 있다. 제아무리 뛰어난 인재라도 고립된 섬이라면 확장성에 장애가 될 뿐이다. 내 인맥의 면면은 그들 스스로 풍부한 인적 네트워크를 보유한 명품 인맥이어야 한다.

인적 네트워크의 가치는 접속되어 있는 다양성에 비례한다는 '카오의 법칙Cao's law'도 명심하자. 다양한 경험과 사고를 가진 사람들이 내 인맥에 접속하면 그만큼 창의적이고 혁신적인 가치 창출이 가능해진다. 제아무리 뛰어난 인재들로 인맥지도를 채웠더라도 다양성이 결여된 인적 네트워크는 미래 가치의 결핍, 발전 가능성의 결핍으로 이어질 수밖에 없다. 서로 다른 가치관과 생각과 꿈과 비전을 연결해야 한다. 성과 나이, 직업과 가치관, 인종과 언어를 넘나드는 다양한 스펙트럼을 구성해야 한다. 그 차이가 연관(聯關) association을 맺어 에너지를 폭발시킬 것이다.

성공적인 인맥지도에서 무엇보다 중요한 것은 바로 '나'다. 수많은 인맥관리 전문가들이 공통적으로 말하는 진리는 "나의 가치를 높여야 좋은 인맥이 형성된다"는 것이다. 유유상종에 예외가 있을 리 없다. 좋은 친구를 사귀려면 나 자신부터 '사귀고 싶은' 대상이 되어야 한다. 관계의 평등성, 지속 가능성은 서로가 서로에게 가치 있는 존재일 때 가능하다. 인맥지도가 생산적이고, 협력적이며 우호적이려면 일방적이고 수직적인 관계여서도 곤란하다. 멋진 인맥지도를 그리고 싶은가? 그렇다면 눈을 감고 스스로에게 이렇게 묻는다. '내 인맥지도에서 나는 상대에게 얼마나 필요한 존재인

가? 정답은 명쾌하다. 다른 사람의 인맥지도를 채우는 후보 0순위
는 바로 '나' 여야 한다. 그러려면 자기 자신의 가치를 극대화하고
이를 적극적으로 홍보한다.

1. 주변의 인맥이 내 인생의 발전에 도움이 되는가?
2. 내가 아는 인맥은 또 다른 인맥의 출발점인가?
3. 나는 내 주변의 인맥에게 충분히 매력적인가?

어떤 인맥을 어떻게 구성할 것인가, 하는 물음은 결국 이 세 개
의 함수로 종합된다. 우리 곁에는 이 지난한 함수들에 대한 해답을
찾아가는 선배들이 있다. "위기관리 능력을 높이기 위해서는 직접
경험도 중요하지만 네트워크를 통한 간접 경험이 필요하다"라고
말하는 하지원 에코맘코리아 대표는 스쳐 지나갈 법한 인연을 놓
치지 않고 인맥지도에 담는다. 김양미 베스트비즈 · 와우몰 대표는
'김 오지랖'이라는 별명처럼 사람과의 관계에서 에너지를 얻고 가
치를 찾는다. 김미경 이오에스EOS 대표의 명품 인맥은 교수 · 강
사 · 남편이다. 기회를 이끌어주고 위기극복의 힘을 실어준 귀한
존재들이다. 이들의 인맥지도는 서로 다른 모양과 색깔이지만 전
하고자 하는 메시지는 결국 하나다.
"빨리 가려면 혼자 가고, 멀리 가려면 함께 가라."

김양미

| 베스트비즈 · 와우몰 대표 |

모두가 즐거운 아이디어,
나를 키워준 8할

"특별한 배경도, 인적 네트워크도 없었어요. 제가 가진 아이디어와 열정에 인생을 걸어본 거죠. 자신 있었거든요. 내가 정말 하고 싶은 일이고, 할 수 있겠다 싶은 일이었으니까요."

김 오지랖. 그는 스스로를 이렇게 불렀다. 방송국 프로듀서PD로 사회생활에 첫발을 내디딘 것도, 여성 벤처 사업가로 변신한 것도 오지랖 덕분이었다. "저 상품, 마케팅만 잘하면 정말 잘 팔릴 텐데…, 이 부분은 내가 도와줄 수 있을 텐데…." 결국 그는 PD 10년 차가 되던 해, 사직서를 제출했다. 아쉬움은 없었다. 다음 길이 보였기 때문이다. 김양미(41세) 베스트비즈 · 와우몰 대표는 "무엇을 해야 할지 확신이 있었다"라고 말했다.

김 대표가 2003년 창업한 베스트비즈는 인터넷, 홈쇼핑 등 뉴미디어를 통해 소비자와 기업을 연결하는 일종의 가교역할을 한다. 5대 홈쇼핑 업체와 주요 인터넷 쇼핑몰에 벤더로 참여하는 것은 물론, 상품기획, 프로모션, 영상 제작, 홍보 · 마케팅 컨설팅까지 폭넓게 제공하고 있다.

고3 수험생 시절에도 다큐멘터리 〈동물의 왕국〉을 즐겨 챙겨보던 열혈 PD 지망생이 여성 창업가로 변신한 데는 그의 오지랖이 한몫을 했다. 대학 졸업반 시절 공모전을 계기로 SBS에 입사한 그는 이후 MBN을 거쳐 홈쇼핑 방송사로 자리를 옮겼다. 그리고 중소기업 상품의 판로개척에 대한 프로그램을 제작하고 홈쇼핑 PD로서 상품기획, 유통 등을 총괄하면서, 특히 중소기업인들이 직면한 어려움에 관심을 갖게 됐다.

"품질은 정말 좋은데 매출이 부진한 경우가 많았어요. 안타까웠죠. 장인정신으로 똘똘 뭉친 분들이 상품을 알리려고 노력하는 모습을 지켜보다 보니, 도저히 가만히 있을 수가 없더라고요. 그래서 창업 결심을 굳혔어요. 경제 채널 PD, 홈쇼핑 PD라는 제 경력을 통해 중소기업인들의 제품 판매, 홍보, 마케팅을 모두 도울 수 있겠다는 확신이 섰어요."

경영자 김양미에게 첫 번째 전환기는 홈쇼핑에서 100만 원대 타이어를 최초로 판매하는 일을 성사시켰을 때다. 첫 방송 후 판매실적은 2억 원, 말 그대로 대성공이었다. 특별한 인적 네트워크 없이 그의 아이디어와 열정으로 이뤄낸 성과였다.

쉽게 성사된 것은 아니었다. 홈쇼핑에 고가 아이템을 팔아보겠다는 아이디어는 좋았지만 국내 1위 타이어 업체에 보낸 제안서는 어떠한 답도 받지 못했다. 하지만 기회는 다른 곳에서 왔다. 몇 번의 거절 끝에 금호타이어 국내영업을 총괄하던 김정호 당시 부사장(금호타이어 전 사장)과 짧은 만남이 성사된 것이다. 이날 김 대표는 고민

끝에 대대적인 프레젠테이션 대신, A4 용지 1장에 사업제안서를 요약해 내밀었다. 업무에 바쁠 상대를 배려한 것이기도 했지만, 그만큼 자신의 아이디어에 자신이 있었음을 보여주는 대목이다.

제안서를 받아든 김 부사장은 김 대표에게 "당신 차의 타이어 규격을 아느냐?"라고 질문했다. 이때 김 대표의 기지가 발휘됐다. 타이어를 팔아보겠다고 찾아온 사람이 자신이 타는 차량의 타이어 규격을 모르고 왔을 리는 없었다. 그러나 김 대표는 당당한 표정으로 "모른다"라고 잡아뗐다. 이어 그는 어이없다는 표정을 짓는 김 부사장에게 "대다수 소비자들은 자신의 타이어 규격을 즉각 답하지 못한다. 하지만 홈쇼핑에서는 규격을 모르는 소비자들도 콜센터 상담사를 통해 타이어를 주문할 수 있다"라고 말했다. 김 부사장이 "무슨 이야기인지 자세히 들어보자"라고 자세를 고쳐 앉은 것은 바로 그 직후였다.

김 대표는 먼저 홈쇼핑의 장점을 설명한 후, 대리점과의 연계판매 방안, 여성고객 창출 등 홈쇼핑 판매를 시작할 경우 금호타이어가 고민하게 될 부분까지 미리 해답을 제시했다. 그의 설명이 끝나자, 김 부사장은 껄껄 웃으며 그 자리에서 즉시 담당 팀장들을 소집할 것을 지시했다. 첫 만남에서 바로 계약을 성사시킨 것이다.

자신감을 얻은 김 대표는 이후 수입차, 침구전용 청소기, 골프회원권, 캠핑카 이용권 등 이전에는 생각지도 못하던 제품들을 계속 홈쇼핑에 등장시켜나갔다. 쉬운 일은 아니었다. 하지만 김 대표는 상대측이 고민할 세세한 부분까지 먼저 해답을 찾아 제시했고, 시큰둥해 하는 이들을 설득하기 위해 수십 차례 발품을 팔았다. 한번 맺은 네트워크는 그 다음으로, 다음으로 하나씩 추가하면서 연계해나갔다. 그의 오지랖은 곧, 그의 열정이었다.

"저는 아무도 못하는, 최초의 것을 팔아보고 싶었어요. 남들이 다 안 될 거라고 말하는 일들을 해내고 싶었어요. 그래서 더 고민하고 아이디어를 짜내고 더 뛰어다닌 거예요."

김 대표는 자신의 최고의 장점과 단점으로 오지랖을 동시에 꼽는다. 열정이 가득한 사람 또는 재밌어 보이는 일을 보면 도저히 간섭하지 않을 수가 없다고. 그는 "쓸데없이 오지랖이 발휘될 때도 있다"라고 한숨을 쉰 후, "그만큼 세상에 관심이 많다는 것이고, 그렇게 고민하는 만큼 그릇이 넓어지는 것 아니겠느냐"라면서 깔깔 웃었다.

방송사 PD로 재직하던 시기, 그는 선배들의 "바쁘냐?"라는 질문에 "바쁩니다"라고 선을 그은 적이 한번도 없다. 자신의 수면시간을 줄여서라도 "무슨 일 도와드려요?"라고 늘 다가갔다. 이는 타부서에 대해서도 마찬가지였다. 주로 컴퓨터 문서가 익숙하지 않은 선배들을 위해 프로그램 기획서, 기안서 등을 워드파일로 받아치는 일이 많았다. 쉬는 시간을 포기하면서까지 선배들을 돕는 김 대표의 모습에 직속 선배가 안타까워하며 앞으로는 무조건 바쁘다고 답하라고 호통을 친 적도 있다. 그러나 김 대표는 그 시간이 가장 큰 공부가 됐다고 강조한다.

"잡일이라면 잡일로 받아들일 수도 있지만, 제게는 어깨 너머로 선배들의 노하우를 그대로 배울 수 있는 귀한 시간이었거든요. 선배들을 도우며 경험해본 것들이 모두 다 내게 큰 공부가 됐어요. 결국 무슨 일이든지 자기가 어떻게 받아들이고 활용하느냐의 문제예요."

복지몰인 와우몰을 만든 것도 김 대표의 오지랖에서 시작됐다. 주변 중소기업인들이 재고 때문에 고민하는 모습을 보며 대신 판매해보겠다고 나선 것이다. 김 대표는 "좋은 상품들이 재고로 남아 있는 게 안타까웠다"라며 "여기에 중소기업 경영자들의 공통적인 고민인 복지 프로그램을 접합시키면 좋겠다고 아이디어를 떠올린 것"이라고 설명했다.

규모가 작은 중소기업에서 직원 복지를 확대하기란 좀처럼 쉽지 않다. 여기에서 착안한 것이 바로 여러 중소업체들이 공동으로 이용하는 복지몰. 와우몰은 2013년 기준 70여 개 업체, 1만 8000명가량의 직원들이 회원으로 가입돼 있다. 김 대표는 "회사에서는 포인트를 직원들에게 제공해 좋은 상품을 살 수 있게끔 복지를 제공하는 동시에, 재고 부담까지 해결할 수 있다"라고 말했다. 베스트비즈 안에 속해 있다 올해 분사한 와우몰은 2012년 기준 매출 약 15억 원 규모다.

PD를 그만두고 경영자의 삶을 택한 지도 어느덧 10년. 그러나 그는 아직까지 큰 위기는 없었다고 말한다. 평소 긍정적인 성격 탓에 매출이 부진하고 수주가 줄어도 "지금은 시기가 아닐 뿐이다"라며 환히 웃고 만다.

대신 갑갑할 때는 차를 몰고 인천항을 찾곤 한다. 대형 트럭들이 오가고 컨테이너가 배에 선적되는 모습을 보면 가슴 속이 뜨겁게 차올라 다시 힘이 솟는다고. 김 대표는 "마흔을 넘어서니 내가 무엇을 좋아하는지 알게 됐다"라며 "현장, 열기가 가득한 현장을 보면 피가 끓는다"라고 귀띔했다.

김 대표는, 자신은 '승부사' 타입의 경영자가 아니라고 정의한다. 오히려 '타고난 마케터'에 가깝다는 것이다.

"승부사 타입의 경영자였다면 회사 규모도 더 키우고 돈도 더 많이 벌었겠죠? 저는 제 아이디어로 변화를 가져오는 게 행복해요. 오늘은 어떤 즐거운 일을 만들까, 어떤 일에 내 열정을 쏟아부을까를 매일 고민해요." 김 대표의 카카오톡 상태 메시지는 오늘도 '열정, 열전 her스토리'다. 그의 인생 그대로다.

김양미 대표는?

▲1972년 대전 출생 ▲1995년 한신대학교 중어중문학과 졸업 ▲1994년 SBS 서울방송 TV 제작국 입사 ▲2003년 베스트비즈 창업 ▲2004년 베스트비즈 법인 전환 ▲2007년 중소기업청 모범여성기업인부문 표창장 ▲2008년 여성부장관상 수상 ▲2013년 현 한국여성벤처협회 부회장, 현 벤처기업협회 이사

베스트비즈 · 와우몰은 어떤 기업?

2003년 설립된 베스트비즈는 벤처, 중소기업 등에서 신뢰성 있는 제품을 발굴해 상품기획, 홍보영상 제작 · 판매에 이르기까지 쇼핑몰, TV홈쇼핑 등 채널을 통해 판로를 개척해주고 있다. 베스트비즈의 자회사로 올해 분사한 와우몰은 기업 복지몰이다. 주요 고객사는 공기업과 벤처, 중소기업으로, 웹상의 복지몰www.wowoomall.com에서 회원사 직원들이 건강관리, 자기계발, 문화여가, 상품 등을 복지 포인트로 구매할 수 있게 한다. 향후 중소기업 근로자들을 위한 복지기금 마련을 통한 기업복지제도 도입 등 컨설팅까지 지원할 예정이다.

하지원

| 에코맘코리아 대표 |

경험한 모든 것은 버릴 게
하나도 없다

“사회생활을 하는 여성에게 최대 약점이 뭔지 아세요? 인적 네트워크예요. 평소에는 잘 모르겠죠? 위기상황이 닥치면 확실히 드러나요. 남성에 비해 상대적으로 도움을 요청하거나 조언을 얻을 수 있는 사람이 적거든요.”

하지원(44세) 에코맘코리아 대표의 목소리는 단호했다. 때때로 전쟁터에 비유되는 사회생활을 해나가며 몇 차례 느꼈던 부분이다. 그는 위기 상황마다 정신적 동료나 스승이 부족하다는 점에 늘 목말라했다.

하 대표는 “그래서 사람과의 인연을 무엇보다 소중히 하려 한다”라고 강조했다. 스쳐 지나갈 법한 사람들조차 자신의 조력자, 멘토로 만들고자 힘썼고, 지금도 난관에 처할 때면 그들에게 전화를 걸어 털어놓곤 한다.

“위기관리 능력을 높이려면 직접 경험하는 것도 중요하지만 간접 경험이 필요해요. 결국은 다 네트워크, 인맥의 문제죠.”

그가 사퇴 논란에 휩싸였을 때, 평소 존경하는 여선배로부터 걸려온 전화 첫 마디는 “일단 밥부터 먹어”였다. 몇 끼니째 굶은 상태이던 그는 전화를 끊자마자 밥통을 열고 앉은 자리에서 두 공기를 해치웠다.

"그제야 정신이 번쩍 들더라고요. 머릿속이 또렷해지는 기분이었어요. 그래, 정신차리자, 하지원. 스스로에게 말했죠."

하 대표의 이력은 독특하다. 체육학과를 졸업해 미국에서 스포츠마케팅을 접했고, 서울시의회 시의원으로도 활동했다. 이화여자대학교, 국민대학교 등에서 시간강사로도 섰고 정부업무평가 전문위원직도 역임했다.

그의 이력서 후반부를 관통하는 큰 줄기는 '환경'이다. 서울시 녹색서울시민위원회(서울기후행동 위원장), 세종대학교 환경에너지연구소 부소장 등을 역임했다. 하 대표는 "환경연구소에 다닌 삼촌 덕분에 어려서부터 환경에 대한 상식은 꽤 많이 알고 있었다"면서도 "진짜 환경에 대해서 알게 된 것은 내가 아이를 낳으면서부터였다"라고 말했다. 2002년, 그의 나이 34세 때다.

"엄마가 되고 나서, 내 아이와 함께 환경운동을 하고 싶다고 느꼈어요. 주변을 둘러보니 나와 같은 생각을 하는 엄마들이 많더군요. 내가 서 있는 위치에서 할 수 있는 것, 내가 관심 있는 것, 내가 하고 싶은 것을 찾은 거죠."

처음에는 엄마들과 함께 아이들을 위해 놀이터를 청소하고 꽃을 심는 작은 일부터 시작했다. 이러한 활동들이 이어지며 2009년 사단법인 에코맘코리아를 창립했고, 이제는 대한민국 모든 사람들의 라이프스타일을 바꾸는 것이 목표다. 월요일에는 대중교통 이용하기, 화요일에는 에너지를 절약하기 등 생활 속에서 실천하는 '365 에코라이프' 운동 등이다.

에코맘코리아의 중심에는 '엄마'와 '아이'가 있다. 가정에서 시작되는 환경운동인 것이다. 하 대표는 "환경은 철학의 문제다. 습관과 연결해야 하는 만큼 아이들과 부모 교육이 함께 필요하다"라고 힘주어 강조했다.

"아이들의 변화를 직접 눈으로 확인할 때마다 뭉클해요." 하 대표는 엽서 한 장을 내밀며 이렇게 말했다. 한 고등학생이 용돈을 모아 직접 만든 에코맘 엽서였다. 처음 만났을 때 그 고등학생은 게임에만 빠져 있고 매사에 의욕이 없었다. 하지만 에코맘코리아의 프로그램을 통해 이제는 국제적인 환경 전문가가 되겠다는 확고한 꿈이 생겼다.

"청소년들이 자존감을 회복하고 삶의 목표를 찾게 된 모습을 볼 때면 이 일을 시작하기를 참 잘했다는 기쁨을 느껴요."

한때 그는 의사를 꿈꿨다. 2남1녀의 장녀로 태어난 그는 스포츠 의학을 공부하기 위해 체육학과에 입학했지만 뒤늦게야 자신이 의사 성향이 아님을 깨달았다. 비위가 약한 그는 해부학 수업마다 토하기 일쑤였다.

"나와 맞지 않는다는 생각에 힘들고 어려웠어요. 해부학 수업을 마치고 화장실 구석에서 울면서 내가 여기 왜 왔지 후회도 했어요.

힘들었죠. 그러다 미국에서 스포츠마케팅을 접한 후에는 교수가 내 갈 길이라고 생각하고 공부만 했어요."

20여 년을 학교에 머무르며 때를 기다렸지만 교수 선임 직전 일이 꼬이기만 몇 차례. 지도교수님이 돌아가시고 예정됐던 선임이 막판에 취소되기도 해 또다시 수 차례 좌절했다. 10년 이상 꿈꿔온 목표점을 잃은 그는 다시 방황했다. 하 대표는 "그때는 이 길만이 내 길이라고 생각했기 때문"이라고 당시를 돌이켰다. 그가 학교라는 틀을 벗어나, 더 큰 세상을 자유롭게 보기 시작한 것은 불과 10년도 채 되지 않았다. 2006년 서울시의원으로 활동할 기회를 얻으면서부터다.

겸임교수로 일하던 그에게는 평소 서울시 등으로부터 자문 요청이 많았다. 이 과정에서 당시 한나라당의 서울시당 서울시차세대 여성위원회로부터 서울시의 일을 도와달라는 요청이 온 것이다. 평소 정치에 관심이 없던 그는 손사래를 쳤다. 그러나 계속된 설득과 "당신은 잘할 수 있을 거야"라는 남편의 한마디가 큰 힘이 돼 결심을 굳히게 됐다. 하 대표는 최초 30대 여성으로서 서울시당의 차세대 여성위원장을 역임하고, 이듬해에는 서울시의원이 됐다.

그는 서울시의회 일을 하며 인생을 많이 배웠다고 말한다. 그 전까지는 학교라는 온실 속 화초, 우물 안 개구리였을 뿐이라는 설명이다. 하 대표는 시의회 일을 하며 서울 곳곳에서 다양한 계층을 만나고, 삶에 대한 여러 방식을 경험할 수 있었다. 정책의 중요성도 뼈저리게 느꼈다. 좋은 정책 하나가 얼마나 많은 사람들의 삶을 변화시키는지 직접 눈으로 확인했다. 그 과정에서 하 대표는 자신이 진짜 하고 싶은 일이 무엇인지 알게 됐다.

"결국 사람의 마음이 가장 중요하더군요. 그때 사람의 마음을 변화시키고 움직이는 일을 해야겠다고 결심했어요. 그게 어떤 분야이든요."

그는 연관성 없어 보이는 삶의 모든 과정이 결국 '지금의 나를 위한 것'이었다고 자신 있게 말한다.

"솔직히 꿈을 잃고 방황하던 때에는 내가 왜 이러고 있나, 나는 뭘 하는 건가 후회할 때도 많았어요. 하지만 저는 그 과정에서 많은 깨달음과 사람들을 얻었어요. 장담컨대 경험한 모든 것은 버릴 게 하나도 없답니다."

하 대표가 가장 의지하는 멘토는 그의 작은어머니다. 미국에서 교수로 재직 중인 작은어머니는 학창시절부터 그에게 나침반 같은 존재였다. 하 대표는 인생의 과정에서 고민될 때, 헷갈릴 때마다 늘 작은어머니를 찾곤 했다. 그때마다 늘 해당 상황에 가장 도움 되는 답변을 얻어올 수 있었다. 작은어머니가 그에게 특히 강조하던 내용은 "주인공이 돼라"는 것이었다.

"작은어머니는 제게 늘 세상을 위한 리더가 되라고 하셨어요. 조력자의 역할도 매우 중요하지만, 주인공이 될 것을 바라셨어요. 이 한마디가 저를 지금의 자리로 이끈 것 같아요. 에코맘코리아를 창립할 때도 이미 많은 환경단체들이 있는데 굳이 나까지 나설 필요가 있나 고민을 했죠. 하지만 엄마의 마음으로, 사람들의 마음과 행동을 바꾸는 역할이라는 확신이 들어 시작하게 됐어요."

하 대표는 궁극적으로 사람들의 라이프 스타일을 변화시키고, 우리나라보다 열악한 국가에 기여할 수 있는 일을 찾고 있다. 1만 원, 1000원을 줄이기 위한 환경운동은 한계가 있다는 게 그의 설명이다. 하 대표는 "전기를 절약하면 1000원을 줄일 수 있다는 식의 환경운동은, 사람들에게 1000원이 생기면 필요가 없어지는 것"이라며 "철학을 바꾸는 작업이 진행돼야 환경운동이 지속 가능해진다"라고 강조했다. 또한 에코맘코리아는 올해 해외활동을 위한 기반을 만들었다. 이제부터는 세계로 나가는 일도 시작하게 된다.

하 대표는 자신과 같은 리더를 꿈꾸는 젊은 여성 직장인들에게 '손해 볼 것'을 조언했다. 사람들에게 진심을 다하고, 동료들에게는 함께 일하고 싶은 사람이 되라고 강조했다. 멘토와 조력자는 진심 없이 얻어지지 않는다는 게 그의 말이다.

"요즘 여성 직장인들은 정말 똑똑하고 일도 잘해요. 하지만 남성 직장인에 비해 인간관계에서 상대방을 배려하는 게 부족한 이기적인 면모가 있어요. 그게 정말 안타까워요. 때로는 내 것을 조금 손해 보듯 살았으면 좋겠어요. 깍쟁이처럼 살아선 사회생활에서 오래 버티기 어렵답니다."

하지원 대표는?

▲1969년 서울 출생 ▲1998년 이화여자대학교 학부 및 대학원 졸업(이학 박사) ▲2012년 세종대학교 지구환경학 박사 졸업 ▲서울시의원(환경수자원위원회) ▲2009년 세종대학교 환경에너지연구소 부소장 ▲2009년 (사)에코맘코리아 창립 및 대표 ▲2010년 대통령직속 녹색성장위원회 위원 ▲2012년 국무총리실 정부업무평가 전문위원

에코맘코리아는 어떤 기업?

에코맘코리아는 2009년 4월에 하지원 대표가 '나의 작은 실천이 세상을 바꾼다'라는 비전을 갖고 건강한 가정, 건강한 사회, 건강한 지구를 만들어가자는 취지로 설립한 환경시민단체다. 2013년 기준 전국적으로 4만 5000여 명의 회원을 보유하고 있으며 국민을 대상으로 생활 속에서 실천할 수 있는 365에코라이프 캠페인을 전개 중이다. 에코맘코리아는 글로벌 에코리더 양성을 위해 환경부와 함께 청소년을 대상으로 교육 프로그램을 진행하고 있다. 또 가정에서 어릴 적부터 환경보호를 습관화하도록 부모들을 대상으로 에코맘 스쿨도 실시하고 있다.

김미경

| 이오에스 대표 |

목표를 세우고
현실에 최선을 다하라

김미경(40세) 이오에스EOS 대표. 그가 현 위치에 오기까지는 세 사람과의 인연이 계기가 됐다. 아무것도 모르던 여대생을 당찬 여사장으로 만든 결정적 인물들이다. 첫 번째는 대학교 재학 시절 지도교수였다. 그는 김 대표에게 전자공학 중에서도 컴퓨터지원설계CAD를 공부해볼 것을 권유했다. 꼼꼼한 여성의 장점을 십분 활용할 수 있는 분야였다. 김 대표는 "교수님의 추천이 없었다면 좋은 기회를 놓쳤을 것"이라며 "CAD를 통한 설계 작업은 여성인 내게 딱 맞는 전공이었다"라고 설명했다.

김 대표는 대학교 졸업 후 한 CAD 회사에 취업했다. 그는 "선배들이 졸업한 뒤 전공과 상관없는 일을 하는 모습을 많이 봤다. 나만이라도 전공을 살리겠다는 생각이 강했다"며 취업 이유를 설명했다.

평범한 직장생활을 보내고 있었지만 그에게서는 창업의 피가 꿈틀거렸다. 그는 "당시 점을 봤는데 조만간 사장이 된다고 하더라"며 웃었다. 그러던 그는 회사에 CAD 프로그램을 가르치러 온 여성 프리랜서 강사를 만난다. 24세인 강사는 김 대표에게 "경력 10년차입니다"라며 자신을 소개했다. 비슷한 나이임에도 이미 자신만의 영역을 구축한 강사를 본 김 대표는 그 길로 사직서를 제출했다. 나만의 일을 한다는 게 부러웠다. 그는 "겨우 24세밖에 되지 않았는데 이미 경력 10년차의 업계 베테랑 프리랜서였다"면서 "너무나 멋져 보여 무작정 따라하고 싶었다"라고 회상했다. 그 후 1년여 동안 강사를 쫓아다니며 영업을 익힌 김 대표는 지난 1997년 서울 구로구에서 사업을 시작했다. 그의 나이 25세 때다.

김 대표는 "대학 진학할 때에도 반대가 없었는데 프리랜서 선언에는 집안에서 엄청난 압박이 있었다"라며 "평범하게 있다가 좋은 남자 만나 결혼하기를 바라는 우리나라 부모님의 공통된 바람 같은 것"이라고 말했다.

과감하게 독립을 선언하고 그때부터 설계, 관리, 영업을 도맡아 했다. 설계는 원래 하던 일이라 어려움이 없었고 직원이 자신뿐이어서 관리는 필요가 없었지만 문제는 영업이었다. 이름이 알려지지 않은 그에게 일감을 나눠줄 리 없었다. 그리고 바로 그때 IMF 외환위기가 닥쳐왔다.

김 대표는 "외환위기가 오히려 전화위복이 될 줄은 몰랐다. 대기업에서 나와 새 회사를 차리는 사장들이 많았는데, 그들로부터 먼저 설계 일을 해 달라는 제안이 물밀 듯이 들어오더라" 하고 회상했다.

여성 특유의 꼼꼼함도 큰 힘이 됐다. 한번 일을 맡기면 지체하는 법 없이 양질의 결과물을 가져온다는 소문이 퍼지자, 여기저기 거래처에서 김 대표에게 일을 맡겼다. 소파를 침대 삼아 하루를 보냈고 회사는 점점 커져갔다. 그가 현재 공동대표이자 남편을 만난 것도 이때다. 인쇄회로기판PCB 제조업체에 재직 중이던 남편은 어느 날 회사 공장 하나가 매물로 나왔음을 김 대표에게 말해줬다. PCB 설계만 하던 김 대표가 제조까지 사업을 넓힐 수 있는 기회였다. 인수 금액은 30억 원으로, 적잖은 부채를 짊어져야 했다.

그는 당시를 떠올리며 "모 아니면 도라는 생각이었다. 한번 결정하면 앞뒤 안 가리고 돌격하는 성격이라 인수가 가능했던 것 같다"라고 회상했다. 남편은 김 대표에게 날개를 달아준 세 번째 인물이었던 셈이다.

처음에는 쉽지 않았다. 부도를 낸 회사를 인수했다는 인식 때문에 어렵게 얻은 계약물량을 경쟁사에 뺏기는 등의 아픔을 맛봤다. 김 대표는 "회사 인수 뒤 1년 동안은 살얼음판을 걷는 듯한 긴장의 연속으로 모든 것이 부정적으로 보였다"라며 당시를 떠올렸다.

그는 동요하는 직원들을 독려했다. 동시에 품질과 가격경쟁력을 강화하는 쪽으로 전략을 수정, 설계와 조립, 제작의 세 가지 라인을 갖춘 토털 솔루션을 구축했다. 이를 통해 소량다품종 생산체계를 가동해 경쟁사보다 납품단가가 높은 고부가가치 제품을 생산하며 조금씩 자리를 잡아갔다.

EOS는 PCB 업체다. PCB 설계부터 제조까지 원스톱으로 가능한 국내 유일의 기업이기도 하다. 품질로는 손꼽히는 덕에 국내외 500여 기업체와 거래를 하고 있다. 지난 2011년에는 이스라엘 항공우주

제조업체인 IAI와 계약하는 등의 성과를 거뒀고, 이런 기술력에 힘입어 2012년에는 글로벌 회계법인 언스트앤영이 선정한 '한국 최고기업가'로 김 대표가 뽑히기도 했다. 이런 남다른 성과에도 김 대표는 덤덤하다. 그저 한 발짝씩 내딛다 보니 여기까지 왔다는 것이다.

EOS의 영업이익률은 9%로 타 경쟁 업체에 비해 높은 수준이다. 다른 업체가 모방할 수 없는 기술력을 내세우는 대신 높은 가격을 취한다. '넘버Number 1'이 아니라 '온리Only 1' 전략이다. 매년 순이익의 5%가량을 연구개발에 투자하는 노력을 기울이기에 가능한 일이다. EOS는 우주항공, 방위, 인공위성 등 오차 제로가 요구되는 산업에도 PCB를 공급하고 있다. 현재 삼성탈레스·LIG넥스원 같은 방위산업 대기업과 그 협력사 제품에 들어가는 PCB 공정의 80%는 이오에스가 맡고 있다. 김 대표는 "우리만의 기술을 개발하기 위해 많은 투자를 집행한다. 업계에서 우리는 가격은 다소 비싸지만, 다른 데서는 구할 수 없는 제품을 만든다는 평가를 받고 있다"라고 전했다.

좋은 기업을 위해서는 좋은 리더가 필수다. 김 대표는 사업이 어느 정도 궤도에 올라선 지금도 끊임없이 배우고 익힌다. 자신의 시야를 넓혀 또 다른 사업 가능성을 발견하기 위해서다. 2012년까지 중앙대학교에서 경영학을 공부한 그는 2013년부터는 한양대학교에서 체육학 공부에 매진하고 있다. 정보기술IT과 스포츠를 연계하면 개발 가능한 상품이 무궁무진하다는 게 김 대표의 생각이다. 그는 "아이팟 같은 경우는 러닝용 액세서리가 나와 있는 등 이미 스포츠와 연계한 제품을 판매하고 있다. 요즘 건강에 관심 있는 이들이 늘어나는 만큼 스포츠 분야 쪽을 관심 있게 보고 있다"라고 말했다.

16년 전 홀로 사업을 시작한 김 대표는 2013년 현재 350여 명의 직원과 동고동락하고 있다. 회사를 이만큼 함께 키워낸 직원들을 위해 사내 복리후생에도 신경을 많이 쓴다. 연말 송년회를 열어 한 해를 함께 보내고 콘도 등 복지 시설도 준비해뒀다. 5년 전 창립 10주년 때는 모든 직원들과 일본으로 워크숍을 다녀오기도 했다.

김 대표도 자신의 삶을 돌이켜보면 아쉬운 부분이 있다. 너무 어린 나이에 사업을 시작해 젊은 시절의 즐거움을 충분히 맛보지 못했다. 미팅이나 소개팅 같은 단어와도 친숙하지 않다. 사업을 시작한 후로는 친구들과 어울릴 시간도 없었다. 회사에서 먹고 자고를 반복했다. "25세부터 사업을 시작해 앞만 보고 달려왔어요. 내게 20대는 없다고 볼 수 있지요. 기술을 익히기 위해 삶을 투자했으니까요." 그는 "젊은 시기에 누릴 수 있는 건 충분히 누려야 한다. 목표를 세우고 현실에 최선을 다하면 어느샌가 목표에 도달해 있을 것"이라고 조언했다.

그는 "업계에서 보기 드문 젊은 여성이라는 점이 사업하는 데 큰 도움이 됐다"면서도 "남들과 비슷한 상품을 만들어서는 더 좋은 결과를 얻을 수 없다. 다른 이가 따라올 수 없는 그런 상품을 만들어야 한다"라고 강조했다. 김 대표는 10년 전 자신과 같은 오늘날의 20대 여성들에게 "젊은 시기를 즐겨야 한다. 현실에 최선을 다하다 보면 어느샌가 미래가 와 있을 것"이라고 조언했다.

김미경 대표는?

▲1973년 경남 진해 출생 ▲1995년 동양공업전문대학교 졸업 ▲1997년 이오에스 설립 ▲2007년 과학기술부 우수벤처기업상 ▲2010년 벤처기업협회 지식경제부장관상 ▲2012년 언스트앤영 최고기업가 선정

EOS는 어떤 기업?

EOS는 'Electronic Onestop Service'의 약자로 인쇄회로기판(PCB) 설계부터 제조까지 원스톱으로 제공하는 사업 영역을 의미한다. 범용 PCB가 아닌 우주, 항공, 방위산업 등에 소요되는 주문형 고부가가치 제품을 주로 생산한다. 지난 1997년 설립된 이오에스아이가 현 이오에스의 전신이다.

PCB 설계로 사업을 시작한 이오에스는 2004년 PCB 제조업체 하이텍의 공장을 인수해 PCB 제조로 사업을 넓혔다. 2013년 이오에스는 아웃소싱 없이 PCB 설계부터 최종검사까지 29가지 공정을 구로 사무실과 인천 공장에서 일괄 처리한다. 이오에스는 리지드플렉서블(Ligid Flexible) PCB 분야에서 강점을 가졌다. 보통 쓰이는 딱딱한 PCB와 부드럽게 움직이는 연성 PCB를 연결해 만든 특수제품으로 인공위성이나 우주항공, 군납용 장비 등에 활용된다. 삼성탈레스·넥스원퓨처 등 방위사업체가 주요 수요처다.

지난 2011년에는 코트라와 연계해 공략한 끝에 이스라엘 우주항공 시장개척에 성공, 항공우주 산업체 IAI에 PCB를 납품 중이다. 향후 목표는 자체 브랜드로 제품을 만드는 것이다.

3cm

편견

여성성,
세상을 이기는 힘

김영휴 씨크릿우먼 대표 / **최영** 펀비즈 대표 / **이민재** 엠슨 회장 / **이경옥** 동구제약 회장

조선후기 예인인 바우덕이는 1848년 안성에서 가난한 소작농의 딸로 태어났다. 이후 남사당패에 맡겨져 줄타기, 살판 등의 남사당 놀이를 익히게 되는데, 그 실력이 동료 남성들보다 월등했다고 한다. 이에 안성 남사당패의 꼭두쇠가 연로해 새로운 꼭두쇠를 선출할 때 바우덕이는 어린 나이와 여성임에도 불구하고 만장일치로 선출됐다. 그녀의 나이 겨우 15세였다.

이후 바우덕이가 이끄는 남사당패는 전국적으로 그 명성이 알려지게 됐다. 1865년 흥선대원군이 경복궁 중건에 지친 노역자를 위로하기 위해 남사당패를 불러서 공연을 펼쳤는데, 바우덕이는 뛰어난 공연으로 고종과 흥선대원군으로부터 정3품에 해당하는 옥관자를 하사받는다. 바우덕이는 1870년 23세의 젊은 나이로 요절할 때까지 전국을 돌며 남사당을 대중공연으로 발전시키는 데 큰 기여를 했다.

여성에 대한 편견은 예나 지금이나 마찬가지다. 여성이 사업을 한다고 하면 "여성이 어딜 감히…" 하는 말을 듣기 일쑤다. 십여 년 전까지만 해도 여성이 대학교를 진학한다고 하면 "시집이나 가라" 하는 핀잔을 듣기 일쑤였다. 바우덕이는 자신을 향한 편견을 실력으로 극복해냈다. 오늘날의 여성들은 어떨까.

여성을 향한 색안경은 비단 우리나라에만 그치는 일이 아니다. 2011년 경제전문지 〈포브스〉는 사회적으로 성공한 여성들을 향한 편견 10가지를 정리한 바 있다. 〈포브스〉는 "여성이 유리천장을 뚫고 최고위층으로 승진하는 사례가 늘고 있지만 여전히 지배층에서는 소수이기 때문에 상대적으로 냉혹하고 제한적인 평가를 받고 있다"고 해석했다.

〈포브스〉가 정리한 여성에 대한 10대 편견은 다음과 같다. 우선 여성 리더들에 대한 사회적으로 가장 큰 선입관은 '얼음공주'라는 것이다. 소설과 영화로 유명한 《악마는 프라다를 입는다》의 미란다 프리스틀리 편집장이 일례다. 리더십과 성과개발 트레이닝 회사인 피어스의 CEO 할리 복은 "직장에서 감정을 드러내는 여성들은 종종 너무 약하거나 조직을 이끌기엔 불안하다는 느낌을 주지만, 반대로 감정을 보이지 않고 극도로 프로답게 감정을 억제하는 여성은 얼음같이 차갑고 여성스럽지 않다는 이미지를 준다"라고 지적했다. 여성으로서는 이래도, 저래도 부정적인 비판을 듣기 십상이다.

'남성스럽다'는 편견도 많다. 이와 관련 크리스틴 라가르드 국제통화기금IMF 총재는 강한 여성은 이슈를 주도해야 하며 남성처럼 보여야 한다는 편견이 가장 짜증스럽다고 밝혔다. 그녀는 〈포브스〉와의 인터뷰에서 "비즈니스맨처럼 보여야 한다"는 생각을 정말 싫어한다고 고백했다. 또 때로는 '올바른' 방식으로 보여야 한다는 압박을 느끼지만 '과도하게 사업적'으로 변하는 것에는 저항감을 느낀다고 말했다.

여성들이 자신만의 실력이 아니라 '남녀평등 정책'의 수혜로 리더에 올랐을 것이라는 편견도 있다. 2013년 기준 미국 기업들의 이사 가운데 16%가 여성이지만 실력과 성과로 이사 지위에 올랐다는 평판보다 이사회를 다양하게 구성하기 위한 배려 차원에서 선발되었다는 평가를 받는 경우가 종종 있다.

콘돌리사 라이스 전 국무장관은 때로 회의실 내에 유일한 여성이었지만 여성이기 때문에 미국 장관직에 오른 것은 아니었다. 노스이스턴 대학교 경영전문대학원MBA 경력센터의 린 사리카스 이사는 "기업들이 다양화 목표를 심각하게 여기긴 하지만 다양화 목표가 최고의 인재를 이사 자리에 앉혀야 한다는 절박감보다 더 중요한 것은 아니다"라고 말했다. 또 "여성이 발탁되는 이유는 교육과 경험, 기업을 위해 할 수 있는 역량 때문"이라고 강조했다.

그밖에 여성 리더들이 감내해야 하는 편견으로는 "외로운 싱글

일 것", "거칠다", "약하다", "음모를 꾸민다", "감정적이다", "화를 낸다", "관상용 화초다" 등이 있었다. 체인지 스트래터지의 CEO인 빌리 블레어는 여성스럽고 따뜻하게 느껴지는 성공한 여성들은 강력한 리더라기보다 '화초'처럼 평가 절하되는 경향이 있다고 지적했다. 2008년 미국 대선 때 부통령직에 도전한 사라 페일린 전 알래스카 주지사는 한 남성이 자신을 "코치나 쿼터백이 아니라 치어리더"라고 말하는 것을 듣고 깜짝 놀란 적이 있었다. 힐러리 클린턴 전 미국 국무장관은 일관되게 냉정하고 이성적인 모습을 보였지만, 대선 캠페인 때 눈물을 보이자 전 언론이 달려들었다. 마찬가지로 야후의 전 CEO인 캐롤 바츠는 종종 '신랄한 표현'을 쓴다는 비판을 들었고 이는 그녀가 '감정적'이고 '돌출 행동을 하는 사람'이라는 증거로 여겨졌다.

여성들은 자신을 향한 편견을 깨는 방법으로 둘 중 하나를 택하고는 한다. 우선 자신 스스로를 '남성화'하는 것이다. 남성 사회에 비집고 들어가 그들 중 하나가 되기 위한 노력이다. 남성처럼 술을 마시고 남성과 어깨동무한 채 노래를 부른다. 남성들에게 "××형"이라는 호칭을 들으며 뿌듯해 한다. "이제 그들도 나를 여성이 아닌 남성으로 보겠지" 하면서 말이다.

이런 방식이 바람직한 것일까. 이민재 한국여성경제인협회장(엠슨 회장)은 고개를 젓는다. 남성과 여성은 엄연히 다른 존재인데, 자신을 버려가면서까지 남성화를 추구하는 것은 어리석은 행동이라는 것이다.

이 회장은 "여성들이 남성들과 경쟁하기 위해 그들과 똑같이 행동하려는 경우가 종종 있다. 물론 그것 역시 나름의 생존전략이겠지만 나는 이와 달리 생각한다. 남자와 경쟁하려 하기보다는 외유내강으로, 여성다움을 부각하는 게 장기적인 경쟁력이 될 수 있다고 본다"라고 말했다.

'강한 여자'가 대세로 떠오르는 세상에 여성다움을 강점으로 내세우라니, 언뜻 이해가 가지 않는다. 이에 대해 이 회장은 "여성들이 맹목적으로 남성들의 성공방식을 따라할 것이 아니라 자신만의 방식으로 성공하라는 뜻"이라고 설명한다. 예를 들어 술자리에서 남자들에게 지지 않기 위해 무리하게 술을 마시면, 처음 몇 번은 이길 수도 있겠지만 길게 보면 술을 분해하는 능력이 남자들보다 뒤처지게 마련인 여성들이 손해를 보게 된다. "주량으로 남자들과 경쟁하기보다는 여성인 점을 십분 활용해 술을 재치 있게 거절하거나, 백기사를 신청하는 게 현명하다"는 게 이 회장의 조언이다. 술자리가 잦거나, 술을 잘하지 못해 고민인 여성 직장인들은 귀담아들을 만한 말이다.

이 회장의 말에는 여성이 편견을 깰 수 있는 두 번째 방법이 포함돼 있다. 남성화하는 것이 아니라, 되레 여성성을 강조해 편견을 뛰어넘으라는 것이다. 대체로 여성을 향한 편견은 기존 사회에서 핵심층을 구성하고 있던 남성들에게서 나온 것이 많다. 남성들의 시선으로 바라본 여성의 모습이 편견이라는 꼬리표를 달고 나온 것이다. 그렇다면 남성이 미처 잡아내지 못한, 그리고 어쩌면 영원히 모를 수밖에 없는 여성만의 강점을 활용해 편견을 극복할 필요가 있다.

제약업계는 남성 위주로 판이 짜인 보수적인 업계로 손꼽힌다. 접대 문화뿐만 아니라 CEO 면면을 봐도 의학·약학 등 관련 분야를 공부한 남성 리더가 주도하고 있다. 해외에서 공부를 하고 온 유학파도 더러 있다. 여성 CEO는 '가뭄에 콩 나듯' 보기 힘들다. 20년 전에는 더욱 그랬다.

이 시장에서 이경옥 동구제약 회장은 제약업계에서 보란 듯이 성공기를 쓰고 있다. 그녀는 보기 드문 제약업계 여성 CEO이자, 전업주부에서 제약사 CEO로 변신한 입지전적인 인물이다. 150㎝ 가량 되는 자그마한 키에 섬세하고 자상한 '마음 경영'을 강조하는 우리네 어머니 모습 그대로다. 이경옥 회장의 생존비결이다.

이 회장은 어머니와 같은 자신의 강점을 살리는 데 주력했다. 직원들 이름을 일일이 기억하고 "입사를 환영한다"라고 말한다든지, "아기는 잘 커?", "왜 매출이 이래. 잘해" 하며 어깨를 툭 쳐준다거나 하는…. 만나는 직원마다 격려하며 다독였다. 그렇다고 마냥 부드럽지만은 않았다. 지적할 땐 칼같이 했다. 이 회장은 "2세 경영체제가 완성된 지금도 영업회의와 임원회의, 부서장 회의에 들어가 회사 전반을 익힌다"면서 "회의를 쭉 둘러보고 항상 '왜?'라는 질문을 하고 회의 방식을 개선해야 한다 등의 조언을 해준다"라고 말했다.

이 회장은 "여성들은 공동체를 조화롭게 이끌어가고 섬세하지만, 멀리 보고 원대하게 가는 건 남성보다 조금 약한 측면이 있다"면서 "이 둘이 조화되면 금상첨화다. 서로의 장단점을 보완해나가며 함께 가는 것이 우리 시대의 흐름"이라고 강조했다.

삼성경제연구소는 「글로벌 기업의 여성 CEO 탄생 비결」(2012년)이란 보고서를 통해 여성 CEO의 비결로 '여성 특유의 리더십'을 강조했다. 삼성경제연구소는 미국 〈포천〉지가 선정한 500대 기업의 여성 CEO를 분석한 후 이들이 CEO로 올라설 수 있었던 비결을 도출해냈다. 그 결과 삼성경제연구소는 "여성 CEO들은 전통적으로 남성성으로 상징되던 높은 열망과 도전정신, 강한 추진력 외에도 권위보다는 배려와 참여를 중시하는 여성 특유의 리더십을 발휘했다"라고 강조했다. 높은 열정과 결단력 위에 창의력과 조화의 리더십을 발휘한 인드라 누이 펩시 CEO가 대표 사례다. 그녀는 직원들은 물론 이사회와 거래 고객으로부터도 신뢰와 존경을 받는 인물로 잘 알려져 있다.

1. 남성처럼 행동한다고 성공하는 것은 아니다.
2. 여성만이 지닌 강점을 십분 활용하자.

이쯤 되면 편견으로 고민하는 여성들은 한번 되짚어볼 일이다. 머리를 짧게 자르고, 말술을 마시며, 남성과 질펀하게 육두문자 섞인 대화를 주고받아야만 사회에서 성공할 수 있는지를 말이다. 자신에게 주어진 여성성, 남성은 죽었다 깨어나도 이해하지 못하고 손에 쥐지 못할 그 장점을 키우는 것이야말로 성공의 지름길이다.

김영휴

여성의 눈에만 보이는
사업 모델이 성공 요인

고정관념을 극복하기란 어렵다. 가장 가까운 이들의 반대가 있을 때는 더욱 그렇다. 김영휴(50세) 씨크릿우먼 대표는 가족의 반대를 무릅쓰고 창업에 나서 보란 듯이 성공한 인물이다.

가정주부이던 그가 창업의 길로 뛰어든 건 지난 2001년 일이다. 주부 생활 12년차. 두 자녀를 낳으면서 입덧이 심했는데, 그 후유증으로 머리가 빠지기 시작해 30대 후반에 접어들자 빈모가 됐다. 그래도 아줌마들이 하는 이른바 '뽀글이 파마'는 싫었다. 그는 대신 가발 가게를 찾았다. 평소 손재주가 있던 그는 남성용 전면가발과 핀을 구입한 뒤 가발을 자르고 핀을 고정해 부분가발을 만들었다. 머리숱이 적은 부분에 붙일 수 있는 안성맞춤 가발이 완성됐다. 헤어스타일을 살릴 수 있어 좋았다.

그는 자신만을 위해 부분가발을 만들었지만, 주변 반응이 매우 폭발적이었다. 미용사들과 손님들은 너도나도 "그 제품 어디서 샀나요?" 하며 물었다.

"탈모를 감추면서도 트렌디하고 젊은 헤어스타일을 만들 수 있는 방법은 없을까 고민했어요. 가발을 몇 개 사서 이렇게 저렇게 만들어 써봤는데, 주변에서 다들 갖고 싶다고 아우성이더군요. 그때 '아, 다들 아줌마 파마를 좋아서 하는 게 아니구나' 하는 생각이 들었죠."

가발 한두 점을 주변에 판매하다가 '이럴 바에야 본격적으로 사업에 나서보자' 하는 생각이 들었다. 그는 대학교에서 철학을 전공했고, 교육대학원을 수료했다. 사업을 시작하기 전까지 김 대표는 직장생활 한번 해본 적 없었다. 공기업에 다니는 남편과 두 살 터울의 딸·아들을 둔, 그저 평범한 주부의 삶이었다. 경영이라고는 전혀 모르던 가정주부가 사업을 하겠다고 나섰으니 하나부터 열까지 난관투성이었다.

특히 가족들의 반대가 심했다. 외환위기를 겪은 직후였기에 창업에 대한 우려가 컸다. 남편을 비롯해 주변 모든 사람들은 "지금 한물간 사업을 뭐하러 하느냐"며 반대했다. 남편은 주변 사람들에게 "제발 도와주지 말라"는 부탁 아닌 부탁을 할 정도였다. 어찌나 반대가 심했는지 당시 김 대표는 속으로 '내가 경제적인 독립을 이루면 이혼하리라' 하는 다짐을 했을 정도였다. 김 대표는 "사업의 '사' 자도 모르는 전업주부가 덜컥 사업을 한다고 하니 남편의 걱정이 심했다"라며 웃었다.

여기에서 그 특유의 'M&H' 론(論)이 나온다. M&H는 '맨땅에 헤딩'의 줄임말. 처음에 돈이 없어 영업에서부터 상품 개발에 이르기까지 모두 참여하는 그를 두고 주변에서 붙여준 별명이다. 김 대표는 "어려움에 굴하지 않고 초지일관할 각오만 되어 있다면, 성공은 멀리 있지 않다"라고 강조했다.

대전에서 사업을 시작했는데, 창업 초기에 참가한 창업경진대회에서 6개 여성기업 가운데 유일하게 수상에서 누락되는 굴욕을 겪었다. 5등까지 상금을 줬는데 꼴찌를 한 것. 그래도 김 대표는 씩씩했다. 집이 사무실을 대신했고 직원은 그 혼자였다. 창업자금은 여기저기 뛰어다니며 받았다. 처음 찾아간 기술신용보증기금에서는 처음에는 거절했지만, 김 대표가 계속 찾아가자 나중에는 방법을 일러줬다. 그렇게 한푼, 두푼 자금을 모았다. 10년이 지난 2013년 현재, 당시 창업경진대회 6개사 중 남아 있는 회사는 씨크릿우먼뿐이다.

창업 초기에는 미친 사람 취급을 받기도 했다. "처음에 영업하러 갔더니 1970년대에나 팔리던 가발을 들고 왔다며 거들떠보지도 않았고 '가발이 아니라 헤어웨어'라고 설명했더니 미친 사람 취급을 하더군요."

씨크릿우먼이 만드는 헤어웨어hair-ware는 겉모습은 가발이지만 기존 가발과는 좀 다르다. 동양인의 납작한 두상을 보완하는 두상성형 캡을 내부에 장착해 좀 더 착용 맵시가 살아나게끔 해준다. 보정 속옷과 비슷한 원리다. 기존 가발이 단지 숱 없는 이들의 머리를 풍성하게 보여주는 역할에 그쳤다면, 헤어웨어는 숱이 있든 없든 자신의 패션에 관심 있는 이라면 누구나 사용 대상이다. 김 대표는 이를 두고 "가발은 쓰는 것이지만, 헤어웨어는 입는 제품이다"라고 설명했다. 헤어웨어가 어떤 상품을 지향하는지를 함축한 표현이다.

제품이 튀다 보니 업계에서 질시와 미움도 많이 받았다. "가발 같지도 않은 제품을 만들어 시장 물을 흐린다"라는 비난이 쏟아졌다. 특히 여성 CEO를 향한 고정관념과 선입견을 깨는 게 힘들었다. 제품을 팔러 가면 "아주머니, 헤어웨어가 뭐예요?"라는 반응이 돌아왔다. 김 대표는 "어려움을 헤쳐나가기 위해서는 상품과 자기 자신에 대한 확신이 필요하다"라면서 "조금 힘들다고 그만두지 않을 각오를 지녀야 한다"라고 조언했다.

씨크릿우먼에서 일하는 임직원은 누구나 헤어웨어 제품을 착용한다. 김 대표도 예외는 아니다. 헤어웨어가 하나의 패션 소품으로서 얼마만큼 매력적인지 상대방에게 직접 보여주며 설명하기 위해서다. 김 대표 역시 헤어웨어 제품을 착용한 후로는 "젊어보인다"는 말을 수도 없이 들었다고 한다. 그는 "몸매가 좋으면 옷발이 좋지 않느냐. 헤어웨어를 쓰면 두상이 보완돼 헤어 스타일 효과가 살아난다"라고 설명했다.

아픔도 겪었다. 지난 2004년 홈쇼핑에 데뷔를 했는데, 방송을 시작하자마자 그야말로 '대박'이 터졌다. 300개를 준비해놓고 있었는데, 무려 4500개가량 주문이 접수됐다. 허둥지둥 만들었지만 경험이 없던 터라 완성도가 떨어지는 제품을 내보낼 수밖에 없었다. 반품이 이어졌고, 그는 그 이후 온라인 사업 대신 오프라인 사업에 전념했다.

씨크릿우먼 제품은 업계 명품을 표방하고 있다. 주요 제품은 100만 원 이상이고, 오프라인 매장은 백화점에만 입점해 있다. 신세계 본점을 비롯해 롯데백화점, 현대백화점 등 전국 30여 백화점에서 씨크릿우먼을 만날 수 있다. 백화점에서도 잡화 코너가 아니라 여성복 매장에 위치한다. 가발이 아니라 패션 아이템이라는 자부심 탓이다. 처음 백화점을 설득하는 일도 난관이었다. 김 대표 자신에 대한 설명부터 시작해 헤어웨어와 가발의 차이점을 알려야 했다. 고개를 갸웃거리던 백화점 측도 몰려오는 손님에 나중에는 고개를 끄덕였다.

여성이라는 김 대표의 성(性)과 씨크릿우먼의 성공은 뗄 수 없는 관계다. 김 대표는 여성이기에 헤어웨어라는 패션 아이템을 발견할 수 있었고, 여성에게 무엇이 필요한지 알고 있었기에 두상 보완 캡을 만들 수 있었다. 김 대표는 "남자가 죽었다 깨어나도 찾을 수 없는, 그야말로 여성의 눈에만 보이는 사업 모델이 성공 요인"이라며 "여성이 보수적인 벤처 업계에서 사업하기 힘든 것은 사실이지만 여성만의 강점을 활용하면 역경을 뚫고 회사를 성공궤도에 올려놓을 수 있다"라고 단언했다.

씨크릿우먼의 고객 중에는 사업을 하거나 공직이나 교직 등 사회생활을 하는 중년 여성이 많다. '젊음＝권력' 임을 경험한 여성이 다시 매장을 찾는다는 것이다. 또 결혼적령기 자식을 둔 어머니가

상견례나 예식 때 헤어웨어를 한번 써보고 그 '힘'에 반해 고정 고객이 된다고 한다.

김 대표는 지금도 신제품 개발에 적극 참여한다. 공부를 게을리하지 않았기에 가능한 일이다. 82학번인 그는 올해 입학한 대학원에서 새로운 먹을거리 발굴에 여념이 없다. 김 대표는 "정보기술IT과 바이오기술BT을 결합한 새로운 헤어웨어를 구상하고 있다. 스마트한 제품을 만드는 게 목표"라고 밝혔다.

김영휴 대표는?

▲1963년 광주 출생 ▲1986년 조선대학교 철학과 졸업 ▲1990년 조선대학교 교육대학원 교육학 석사 ▲2001년 씨크릿우먼 창업 ▲2002년 대한민국 특허기술대전 동상 ▲2006년 제41회 발명의 날 산업자원부 장관상 ▲2013년 KAIST 미래전략대학원 ▲2013년 특허청 '발명의 날' 산업포장

씨크릿우먼은 어떤 기업?

씨크릿우먼은 지난 2001년 설립된 헤어웨어 전문 업체다. 씨크릿우먼 헤어웨어는 정수리가 낮은 사람이 착용할 경우 공간이 생기도록 해 예쁜 두상을 연출할 수 있게 해준다. 씨크릿우먼은 이 같은 '두상성형 효과'와 관련해 40여 개의 특허를 확보하고 있다. 헤어웨어 종류는 단발머리, 긴 생머리, 웨이브를 비롯해 50종이 넘는다.

씨크릿우먼의 고객은 20대부터 40대까지 넓게 포진해 있는데 주로 사업을 하거나 공직, 교직에 종사하는 이들이 많다. 사회생활을 하며 자신을 가꿔야 하는 이들일수록 헤어웨어 구매에 돈을 아끼지 않는 것이다. 씨크릿우먼은 남성용, 해외용 제품을 추가 출시하는 것도 검토하고 있다.

2013년 현재 롯데, 신세계, 현대 등 3대 백화점을 중심으로 전국에 30여 개의 매장을 보유하고 있다. 모든 고객을 대상으로 제품이 망가져서 못쓰게 될 때까지 100% 무료 수리를 보장한다. 매출은 최근 5년 동안 꾸준히 30~40% 정도씩 늘어 2012년 93억 원을 달성했다. 직원 수는 80여 명이고, 2013년 목표 매출액은 100억 원이다.

최 영

| 펀비즈 대표 |

생각을 바꾸면
세상도 바뀐다

"여자 분이 기업하기 쉽지 않으실 텐데…혹시 바지사장 아닙니까?"

최영(36세) 펀비즈 대표는 창업 후 7년이 지난 지금까지도 그때 일을 똑똑히 기억한다. 2006년 회사를 설립하고 나서 얼마 지나지 않아 금융기관에 자금 문제를 상담하러 들렀더니, 담당자가 미팅 내내 '바지사장'이 아니냐며 의심의 눈초리를 보낸 것이었다. "황당하고 어이없었지만, 어쩌겠어요. 이게 '현실의 벽'인가 싶더라구요." 최 대표의 넋두리다.

그 일이 최 대표에게 나쁜 기억으로만 남아 있는 건 아니다. 현실의 벽은 그로 하여금 한층 더 성숙하게 커가는 계기로 작용했다. 최 대표는 "사회 전반의 환경구조를 바꿀 수는 없기에, 여성이라는 벽을 허물기 위해서는 무엇보다도 나 자신이 성(性)을 잊고 오로지 경제인으로서의 역할에 충실해야 한다는 생각을 하게 됐다"라면서 "다른 사람보다 또는 남성 CEO들보다 더 '디테일'하기 위해 노력하고 준비를 철저히 했으며, 내가 먼저 열정적으로 다가서서 임한 결과 작은 성과나마 이룰 수 있었다"라고 말했다.

최 대표는 우리 사회가 지나치게 성역할에 사로잡혀 있다고 지적했다. 그는 "여성이 군인이나 경찰이면 왠지 약해 보일 것 같고, 남성이 가정사를 보면 무능력하다고 생각하는 무의식적 사고방식이 있다"라며 "이것만은 꼭 우리 사회가 고쳐야 한다"라고 강조했다.

그는 '암탉이 울면 집안이 망한다' 는 속담이나 '남자는 하늘, 여자는 땅' 이라는 전통적 개념을 언급하며 "어르신들 말씀 들어서 손해 볼 것은 없다지만, 현대사회에서는 이러한 관념과 속담이 때론 손해로 돌아올 때가 있다"라며 "여성들도 이런 편견을 깨고 일어서기 위해 주도적으로 변화를 이끌어가야 한다"고 말했다. 최 대표는 "사회와 남자들이 만들어놓은 환경에 여성 스스로가 자신을 가두어놓아선 안 된다"며 "남자가 바꾸어주길 원한다면 아무리 변화가 필요하다고 외쳐도 결국 실패로 돌아갈 수밖에 없을 것"이라고 지적했다.

그러기 위해서 그는 먼저 생각이 바뀌어야 한다고 강조했다. 최 대표는 "모두가 알고 있지만 '생각이 바뀌어야 세상이 바뀐다'. 우리 모두의 생각 프레임(틀)이 바뀌어야 한다"라고 말했다.

그 역시 '스스로 생각을 바꾸고 세상을 바꾼' 여성 CEO 중 하나다. 최 대표는 "잘나가던 중소기업 팀장 자리를 던지고 나온 건 열망 때문이었다"며 7년 전을 추억했다. 그의 나이 29세, 주변인들 모두가 '누가 요즘 천기저귀를 쓰느냐' 며 말렸지만 꿋꿋하게 창업에 도전했다. 손에 쥔 돈은 400만 원뿐이었고, 직원 월급 줄 돈도 없어 지인의 사무실에서 신세를 졌지만 잘될 거라는 확신이 있었기에 어려움을 이겨낼 수 있었다. 그는 "친환경·기능성 제품에 대한 확신을 갖고 도전했다"며 "홈쇼핑 영업 경험을 통해 위생용품과 흡수용품이 각광받을 것으로 직감했다"라고 말했다.

위험을 무릅쓴 이유는 하나였다. 내 브랜드로, 내 제품으로 세계에 나가고 싶다는 욕망이었다. 그는 "회사에 다니면서도 계속 '창업하고 싶다' 는 고민을 했다"며 "직원으로서 일하는 것도 좋았지만 '내 것을 만들고 싶다' 는 욕망이 강했다"라고 말했다.

최 대표의 펀비즈는 '땅콩형 기저귀' 로 주부들 사이에서 잘 알려져 있다. 최근 방사능으로 일본산 기저귀에 대한 불신이 확산되고 환경에 대한 관심이 높아지면서 천기저귀를 개량한 땅콩형 기저귀가 각광받고 있는 것. 땅콩형 기저귀는 기다란 사각형 모양의 천기저귀와 달리 가운데가 오목하게 들어가 아이들의 체형에 딱 맞는 제품이다. 기저귀 커버 안에 안감을 덧대고, 아기가 용변을 볼 때마다 안감만 갈아주면 된다. 그는 "일회용 기저귀와 달리 땅콩형 기저귀는 천기저귀처럼 빨아 쓸 수 있는데다 기존 천기저귀와 달리 접고 개는 불편한 과정 없이 편리하게 쓸 수 있다"라며 "환경과 편리성이라는 두 마리 토끼를 모두 잡은 제품"이라고 말했다. 입소문을 타고 매출이 늘면서 2012년 12억 원의 매출을 올렸다. 땅콩형 기저귀를 취급하는 업체도 증가해 '땅콩기저귀' 라는 브랜드를 두고 업체 간 소송이 진행됐을 정도다.

그는 다른 여성들보다 일찍 사회생활을 시작했다. 중학교를 마친 후 바로 중국의 전문대학교 격인 중산대학교에 입학해 졸업했고, 스무살 때 중소기업에 입사했다. 두 번째 직장인 옴니텔에서는 중국 내 26개 성에 지사를 설립하는 한편, 휴대폰 벨소리 사업을 론칭하는 등 현지 전문가로서 직장 내에서도 인정받았다. 하지만 직장에서 인정을 받으면 받을수록 자신만의 브랜드에 대한 열망은 커져갔다. 최 대표는 "중국 사업을 더 이끌어갈 수도 있었지만, 6년쯤 일했을 때 '이제는 도전을 해보자' 하는 생각이 들었다"며 "가장 주가가 높을 때 회사를 떠나야 후배 팀원들에게도 기회를 줄 수 있는 것 아니냐"라고 말했다.

처음에는 육류를 선호하는 중국인들을 겨냥해 '하이포크'나 '하림'처럼 위생적인 육류를 중국에 유통해보고 싶다는 생각도 했다. 하지만 자본도 없고 현지 유통 경험도 없어 국내에서 바닥부터 시작하기로 했다. 처음 만든 제품은 땅콩형이 아닌 사각형 천기저귀. 일단 제품을 만들어놓고 나니 '못 팔면 어쩌나' 하는 생각에 최 대표는 잠을 못 이루기도 했다. 그는 "못 팔면 폐기처분은 어떻게 할지, 대체 어디에서 누구에게 팔아야 할지 고민이 너무 많아서 거의 공황상태였다"며 "무형의 IT상품만 팔다가 직접 제조한 제품을 팔려니 막막하고 힘들었던 것"이라고 털어놨다.

브랜드 인지도가 없던 초기에는 블로그, 카페 등을 통해 체험단을 모집하고 무료배송을 진행하는 방식으로 사업을 진행했다. 첫 6개월간 매출이 1000만 원에 불과했다. 그렇게 바닥을 기다 2007년

2월 베이비페어에 부스를 냈다. 소비자 박람회인 줄도 모르고 견본 품만 가져갔던 그는 구름떼처럼 몰린 고객들을 보고 정신이 번쩍 들었다. 그날 밤을 새 제품을 만들어 사흘 동안 1000만 원어치를 팔았다. 그제야 그는 블로그나 카페 등을 통해 소극적으로 알릴 게 아니라 최대한 많은 사람들에게 눈도장을 찍어야 잘 팔린다는 당연한 진리를 깨달았다. 그날부터 모든 방송사와 교양 프로그램 사이트에 글을 올리고, 제품을 알리기 위해 발로 뛰었다. 그는 "아이디어 상품으로 방송을 타면서 회사가 주목을 받기 시작하고, 매출에 가속도가 붙기 시작했다"라며 "요즘은 무료체험단을 모집한다는 공고를 내면 10명 선발에 1000명이 몰린다"라고 말했다.

최 대표는 유아용 기저귀를 넘어 실버용품에도 눈을 돌리면서 라인업을 확장하고 있다. 노인용 기저귀와 요양원에 공급되는 방수 시트 등을 '에코리아' 브랜드로 공급 중이다. 그는 "유아용 브랜드 인지도를 많이 키웠으니 앞으로는 실버 시장에도 집중할 것"이라며 "국내에 실버케어 상품이 부족한 만큼 그 부문을 공략하겠다"라고 강조했다.

그는 약해질 때마다 스스로를 '여성'이 아닌 '사업가'라고 다독이며 어려움을 극복해왔다. 최 대표는 "여자라서 힘든 점이 많은 것은 사실이지만 스스로를 여자라고 생각하는 순간 약해질 수밖에 없다", "사업에는 사업가가 존재할 뿐이지 여자와 남자는 존재하지 않는다고 계속 '마인드컨트롤' 하는 자세가 필요하다"라고 말했다.

물론 최 대표 역시 '유리천장'을 느낀 적이 한두 번이 아니다. 특히 영업에서는 남자들을 넘어서기 힘든 부분이 있다고 그는 인정했다. 최 대표는 "남자들은 술 먹고 형님, 동생 하기도 하고 서로 담배를 피우면서 친해지는 계기도 만들 수 있다. 그런데 여자들은 대부분 그러기가 힘들다"라며 고충을 토로했다. "하지만 동시에 여성 사장들은 섬세하고, 사업에서 과도한 리스크를 지지 않는 안정성이 돋보이는 장점이 있다"라고 설명했다.

그는 경제활동을 하는 모든 이들에게 사실상 성 개념은 존재하지 않는다는 철학을 갖고 있다. 최 대표는 "존재하는 건 오직 경제인일 뿐이고, 결국 능력과 성과로 평가를 받게 되는 것"이라고 강조했다. 편견이 존재한다 해도 결국 실력으로 승부하면 된다는 것이다.

창업을 준비 중인 지망생들에게 그는 도전정신을 갖고 한번 시도해보라고 충고를 건넸다. 특히 정부가 창조경제를 장려하면서 대대적으로 창업지원에 나서면서 창업환경 자체가 몇 년 전에 비해 크게 나아졌다고 평가했다. 최 대표는 "생각이 있다면 생각만으로 끝내지 않고 도전해보는 것이 중요하다"라며 "자신만의 꿈이 있다면 창업은 정말로 매력적인 선택"이라고 말했다.

▲1977년 출생 ▲1997년 중국 중산대학교 학사 졸업 ▲1998~2001년 유피텍 해외사업팀장 ▲2001~2006년 옴니텔 중국사업팀장 ▲2010년 한국여성벤처협회 이사(임원) 위촉 ▲2006년 펀비즈 창업

최영 대표가 2006년 설립한 펀비즈(www.funbiz.co.kr)는 사명 그대로 '즐겁게, 재미있게 일하는 일터'를 표방한다. 초기에는 '베이비앙'이라는 브랜드로 친환경 천기저귀를 주로 제조하다 유아용품과 속옷 제조까지 영역을 넓혔으며, '에코리아' 브랜드를 통해 실버용품과 속옷 제조에도 나서고 있다. 2007년 3억 6000만 원이었던 매출은 2008년 7억 원, 2009년 10억 원을 기록한 후 잠시 정체됐다가 2012년 12억 원으로 다시 상승세를 이어가고 있다.
2008년 특허청장상을 수상했으며 2009년 서울시 우수기업브랜드 '하이서울' 기업으로 인증받았다. 또 기저귀 업체 최초로 한국산업기술진흥협회(KOITA)로부터 인정 받은 기업부설 연구소를 보유, 제품은 물론 디자인 개발까지 진행 중이다. 후원활동에도 앞장서 사회복지공동모금회 '사랑의 열매'에 땅콩형 기저귀를 기부했다.

이민재
|엠슨 회장|

여성다움이
가장 큰 무기다

"초기 기업에 있어 판로는 무엇보다도 중요합니다. 그런데 여성 CEO가 있는 기업은 대체적으로 판로 확보가 남성 CEO의 기업보다 더 어려워요. 여전히 남아 있는 여성기업인에 대한 편견 탓입니다. 바이어들과 금융회사 관계자들이 기업인이 아닌 '가정주부'나 '여성'으로만 바라보는 시각과 관행이 제일 어려운 부분이죠. 많이 개선되었다곤 해도 여전히 편견은 남아 있죠."

이민재(69세) 한국여성경제인협회장(엠슨 회장)은 박근혜정부 들어 가장 주목받는 단체장 가운데 하나다. 최초 여성대통령이 당선되면서 여성기업인의 현실에 대한 관심이 높아졌고, 자연히 이 회장이 할 일도 많아졌기 때문이다. 여성기업인에 대한 편견을 없애고 기업하기 좋은 환경을 만들어주는 것이 협회의 주요 업무다. 이 회장은 각종 행사를 누비며 여성기업인 처우 개선을 요구하고 있다. 협회장 일도 많은데, 엠슨 대표로 경영까지 하다 보니 '몸이 열 개라도 모자랄 지경'이라며 그는 웃었다.

그가 여경협 회장을 맡은 후 여성기업계는 긍정적인 변화를 겪었다. 여성기업을 지원하는 공공구매 정책이 통과된 것. 정부는

2013년 7월 '여성기업 제품에 대한 공공기관의 우선구매 확대를 위한 법률 및 시행령(여성기업지원법)'을 개정해 그동안 권고사항이던 공공기관의 여성기업 제품 구매를 의무화했다. 이전에도 여성기업 제품에 대한 우선구매 제도는 있었으나 의무사항이 아니었기 때문에 유명무실했다.

여경협은 앞으로 정부와 손잡고 여성기업에 대한 지원에 나설 예정이다. 그는 "여성기업 제품 공공구매 확대제도는 법률이 개정되어 의무화된 만큼 향후 여성기업의 판로확대 면에서 크게 실효를 거둘 것"이라며 "여경협은 '여성기업확인증' 발급을 통해 여성기업에 혜택이 주어지는 것을 돕겠다"라고 말했다. 여경협은 정부 위탁을 받아 여성기업확인증을 발급하고 있다. 2014년 1월 개정안이 시행되면 여성기업에 대한 정부 공공발주 비율이 늘어나게 되고, 확인증 발급 수요도 폭발적으로 증가할 것으로 보인다. 이 회장은 "이 제도를 적극적으로 홍보하고 신속하고 정확하게 확인증을 발급·홍보하는 원스톱 서비스 체계를 구축하겠다"라고 말했다.

'남자보다 약하다', '남자보다 일을 못한다'는 편견을 없애려 짐짓 남자처럼 행동하려는 여성들에게는 '여자다움'을 경쟁력으로 삼으라고 그는 충고한다. 이 회장은 "여성들이 남성들과 경쟁하기 위해 그들과 똑같이 행동하려는 경우가 종종 있다"라며 "물론 그것 역시 나름의 생존 전략이겠지만, 남자와 경쟁하려 하기보다는 외유내강으로, 여성다움을 부각하는 게 장기적인 경쟁력이 될 수 있다고 생각한다"라고 말했다.

하지만 요즘 대세는 알파걸, 알파레이디로 대변되는 '강한 여자' 다. 그런 세상에 여성다움을 강점으로 내세우라니, 언뜻 이해가 가지 않았다. 의아하다는 표정을 짓자 "여성들이 맹목적으로 남성들의 성공방식을 따라할 것이 아니라 자신만의 방식으로 성공하라는 뜻"이라고 다시 한번 설명했다.

이 회장은 "예를 들면 술자리에서 남자들에게 지지 않기 위해 무리하게 술을 마시면, 처음 몇 번은 이길 수도 있겠지만 길게 보면 술을 분해하는 능력이 남자들보다 뒤처진 여성들이 손해를 보게 된다"라며 "주량으로 남자들과 경쟁하기보다는 여성인 점을 십분 활용해 술을 재치 있게 거절하거나, 백기사를 신청하는 게 현명하다"라고 말했다. 술자리가 중요한 여성 직장인들의 입장에서는 귀담아들을 만한 조언이었다.

그는 "여성 CEO로서 남성들이 대부분인 업계에서 영업을 하면서 수도 없이 어려움을 겪었다"라며 "그럴 때마다 '원칙' 을 생각하며 자기관리를 했다"라고 말했다. 이 회장이 생각하는 CEO는 단거리 주자가 아닌 '마라토너' 에 가까웠다.

그는 40대 남편의 실직을 계기로 처음 CEO의 길에 발을 들였다. 10년 이상 일터에서 떠나 있었는데 두려움은 없었을까, 하고 물으니 그는 "왜 없었겠어요" 하며 웃었다. 이 회장은 "집안의 가장이 되어야 한다는 책임감과 절박함이 두려움도 잊게 만들었다. 오랜 시간 일터를 떠나 있던 분들도 '내가 무언가를 꼭 해야겠다' 는 절박함만 있으면 다시 사회에 나오기는 의외로 어렵지 않을 것"이라고 말했다.

직장여성들의 경력단절이 문제로 떠오르는 요즘 이 회장의 말이 더욱 희망적으로 들렸다. 그는 "아이 때문에 가정으로 돌아갔다 해도 항상 창업관련 정보를 접하고, 자신만의 꿈을 갖고 있어야 한다"라며 "멘토가 되어줄 만한 사람들과 가까이 지내고, 그들로부터 정보를 얻으면 다시 직장을 갖는 것이 훨씬 수월해진다"고 설명했다.

특히 직장을 다니다 가정으로 돌아간 여성들의 경우 처음부터 가정주부였던 이들보다 훨씬 경쟁력이 있단다. 이 회장 자신도 서울여상 졸업 후 금성방직 판매부 경리로 일하면서 사람을 대하는 방법, 영업의 개념을 익혔다고 털어났다. 엠슨(구 광림무역상사)을 설립할 때는 멘토들의 적극적인 도움도 받았다. 그는 "어떤 사업을 할까 6개월 이상 리서치를 하면서 고민하다가, 국내에서 생산되지 않는 외국산 종이들이 있다는 말을 듣고 무릎을 탁 쳤다. 지인으로부터 (업체)연결을 받아 처음 무역을 시작했다"라고 말했다.

이 회장은 국내에서 펄프가 생산이 되지 않아 고급 화지(미술용 종이)가 전량 수입되는 점에 착안해 경쟁자가 비교적 적은 특수용지 무역을 시작했다. 초기에 불안정하던 회사는 1990년대 조폐공사에 영국 인버레스크사(社)의 지폐용 용지를 공급하게 되면서 급성장하기 시작했다. 평소 잘 관리해오던 인맥이 성공으로 이어진 것이다.

여성기업인으로는 최초로 무역협회 회장단에 들어간 그는 2013년 여성경제인협회 회장으로 선출됐다. 가장 관심을 갖고 있는 분야는 역시 '멘토링'이다. 2013년 상반기 중 여대생 200명을 대상으로 기업인들과의 멘토 행사를 진행했고, 같은 해 7월 제17회 여성기업인의 날에도 여성 CEO 500명을 모아 멘토링 선포식을 가졌다. 앞으로도 멘토링 사업을 계속 진행해 여성들의 사회 참여를 촉진하겠다는 포부다.

창업을 준비 중인 여성들에게는 '슬로 스타터'가 되라고 조언한다. 그는 "창업 후 본격적으로 이익이 나기까지는 보통 3년 정도 걸린다"라며 "빨리 이익을 내려는 조급증을 버리고, 그 기간(3년)을 버틸 수 있는 자본을 갖고 시작해야 안정적인 궤도에 진입할 수 있다"라고 조언했다. 처음부터 크게 시작하기보다는 작은 출발을 하는 것이 안정적이라는 게 이 회장의 조언이다. 그는 "처음부터 사업 규모를 크게 하면 그만큼 실패할 확률이 높다. 작게 시작해서 차츰 규모를 키워가는 것이 더 안정적이고 지속경영을 가능하게 한다"라고 다시 한번 강조했다.

그렇다면 반대로, 그가 '같이 일하고 싶은 여성 후배'는 어떤 사람들일까. 이 회장은 "남자든 여자든 뛰어난 인재는 기본이 뛰어난 사람"이라며 "기본이 뛰어나다는 것은 흔히 말하는 스펙(조건)이 뛰어나다는 의미가 아니라 성실하고 인성이 뛰어나다는 의미"라고 말했다. 완벽한 사람보다는 자신의 부족한 점을 알고, 인내심 있고 조직과 인화할 수 있는 겸손한 사람이 그가 원하는 인재상이다. 여기에 기본적인 능력까지 갖춘다면 '금상첨화' 다. 하지만 그는 기본적으로 입사 전의 학력이나 스펙을 중시하지 않는다. 이 회장은 "좋은 대학 나왔다고, 성적이 좋았다고 우쭐대면 절대 회사 생활을 잘할 수가 없다"라며 "입사하면 새로 시작하는 것이나 마찬가지"라고 말했다.

그는 이런 인재관을 바탕으로 후배 여성들에게 "자기가 맡은 직무에서 성과를 내면 그 인재가 훌륭하고 뛰어난 인재라고 보면 된다. 학력이나 성적은 입사와 동시에 없어진다고 보고, 성실하고 겸손한 자세를 갖고 조직에 융화할 수 있는 인성을 갖추라"고 충고했다. 이에 더해 "남보다 한 발 앞서고 숲과 나무를 동시에 볼 수 있는 인재, 주인의식을 갖고 당장의 눈앞의 현실에 맞추기보다는 더 멀리, 넓게 보고 전진할 수 있는 인재가 되기를 바란다"라고 조언했다.

정부에 대해서는 여성대통령 시대를 맞아 여성들의 기업환경이 점차 나아지고 있지만, 보육센터 개설에 좀 더 힘써줄 것을 요청했다. 특히 창업자를 위한 보육시설이 시급하다고 지적했다. 그는 "전국 14개 여경협 지회에서 창업보육센터를 운영 중인데, 그 안에 창업 중인 여성 CEO들의 아이를 봐줄 보육시설이 전무하다"라며 "여성 CEO가 드물던 옛날에는 보육센터를 내주는 것만으로도 혜택이 많다고 했지만, 이제는 창업자를 위한 보육시설까지 관심을 가져야 할 때"라고 강조했다.

이민재 회장은?

▲1944년 충남 청양 출생 ▲1963년 서울여자상업고등학교 졸업 ▲1997년 연세대학교 대학원 경제학과 최고경영자 과정 수료 ▲1987년 광림무역상사 (現 엠슨) 창업 ▲1998년 서울특별시 여성정책위원 ▲2009년 한국무역협회 부회장 ▲2013년 한국여성경제인협회 회장

엠슨은 어떤 기업?

엠슨은 1987년 이민재 대표가 '광림무역상사'라는 이름으로 설립한 전문 무역상사다. 지난 2004년 7월 엠슨으로 사명을 변경했다. 우리나라에서 생산하지 않는 특수용지를 수입해 제지업체에 납품했으며 유가공 업체에 우유팩 재료인 펄프를 공급하기도 했다. 1990년대 조폐공사에 영국 인버레스크사의 특수용지를 납품하면서 사업이 궤도에 오르기 시작했다.

1997년 외환위기 이후 용지 수입이 어려워지면서 곡물 사료에 눈을 돌렸고, 2013년 현재 수입 사료를 국내 축산농가에 공급 중이다. 설립 때부터 꾸준한 매출 상승세를 보이던 엠슨은 외환위기를 맞아 매출이 한풀 꺾이기도 했으나 이후 다시 상승세를 되찾아 2012년 매출액 287억 원을 기록했다. 창업 초부터 주5일 근무제를 실시했을 정도로 직원들의 복지가 잘 갖춰진 것으로 유명하다.

이경옥

사람의 마음을 읽고
이끄는 지혜

"아무것도 모르는 가정주부가 별안간 제약사를 이끌어야 하니 오죽했겠어요. 게다가 20년 전에는 제약사 여성 대표가 없었을 때이니 '과연 잘할 수 있을까' 라는 편견에 맞서 싸워야 했어요. 제가 내린 결론은 공부였어요. 낮에는 전문가인 직원들에게 배우고 밤에는 경영학 공부를 하며 부족한 부분을 채웠어요."

제약업계는 남성 위주로 판이 짜여 있는 보수적인 곳으로 손꼽힌다. 접대 문화뿐만 아니라 CEO 면면을 봐도 의학 · 약학 등 관련 분야를 공부한 남성 리더가 주도하고 있다. 해외에서 공부를 하고 온 유학파도 더러 있다. 여성 CEO는 '가물에 콩 나듯' 만나보기 힘들다. 20년 전에는 더욱 그랬다.

이경옥(74세) 동구제약 회장은 제약업계에서 보기 드문 여성 CEO다. 전업주부에서 제약사 CEO로 변신한 입지전적인 인물이다. 승부사적 기질은 또 얼마나 강할까. 예상은 보기 좋게 빗나갔다. 150cm가량 되는 자그마한 키에 섬세하고 자상한 '마음 경영'을 강조하는 우리네 어머니 모습 그대로였다. 이경옥 회장의 생존 비결이었다.

　이경옥 회장이 회사 경영에 뛰어든 건 지난 1992년, 남편 고(故) 조동섭 회장의 병환이 깊어지면서다. 당시 이 회장은 전업주부였다. 가정에만 충실하던 그녀는 별안간 쉰이 넘은 나이에 250여 명에 이르는 직원들의 생계를 떠안아야 했다. 제약업계에서 여성 CEO가 전무하던 시절이었다.

　'내가 과연 회사를 잘 이끌 수 있을까' 라는 우려와 걱정을 할 겨를도 없이, 이 회장은 회사를 이끌기 위해 늦깎이 경영 수업을 병행했다. 일일이 각 부서별 브리핑을 받으며 업무를 파악하고, 중앙대학교 중소기업최고경영자과정, 이화여자대학교 경영대학원 여성최고위과정, 전국경제인연합회 국제경영원 최고경영자과정을 다니는 등 뒤늦게 경영학을 두루 섭렵했다. '주경야독' 으로 스스로 부족한 부분을 채워나간 것.

　"어려운 상황에서 주저앉지 않고 어떻게 극복할 것인지 초점을 맞추니 끊임없이 배움의 길로 나아가야 한다는 답이 나오더라고요. 직원들을 믿고 업무를 맡기되, 모든 서류를 꼼꼼하게 확인했어요. 그렇게 하나씩 내용을 숙지하고 머릿속에서 생각하니 아는 게 눈에 보이더라고요. 그렇게 시간이 지나니 조언을 해줄 만큼 됐어요. 모든 건 다 관심 갖고 집중해서 문제를 풀기 나름인 것 같아요."

　'좌충우돌' 경영을 시작한 지 5년 후인 1997년, 남편의 별세와 IMF 외환위기라는 또 다른 시련이 찾아왔다. 거래처가 야반도주해 수도 없이 의약품 판매 대금을 떼였고 눈물을 머금고 230~240명에 달하던 직원을 187명으로 줄였다. 병원·의원, 약사, 도매처 등과의 소통도 느슨해지고 업계 흐름을 따라가기가 벅차, 전 국민 의료보험 가입, 의약분업 등을 틈타 고속 성장한 다른 제약사에 비해 반사이익도 누리지 못했다.

이 회장은 과거부터 두각을 나타내던 비뇨기과와 피부과에 집중하되 시장 규모가 큰 내과 영역에서 발을 넓혀가는 '선택과 집중' 전략을 취했다. 이 과정에서 특유의 '마음 경영'이 디딤돌이 됐다. 동구제약을 연 매출액 700억 원대의 튼실한 제약사로 키워놓았고, 아들 조용준 사장으로의 2세 경영체제 전환도 무탈하게 끝마쳤다.

"직원들에게 지시하고 권위를 내세우는 리더십은 전근대적이라고 생각했어요. 어머니 같은 마음으로 직원들을 보듬고 직원들을 믿고 업무를 맡겼더니 성과가 나타났죠. 2011년에는 피부과 분야에서 처방건수 1위도 달성했어요."

이 회장은 직원들을 살뜰하게 챙기기로 유명하다. 직원들의 생일과 결혼기념일에는 손 글씨로 적은 축하 카드를 건넨다. 어떤 직원은 회장실에 들러 감사인사를 하고, 답례로 도서상품권을 전하는 직원들도 있다고 한다. 이렇게 서로의 마음이 오가니 직원들과의 유대가 한층 단단해졌다. 모두 내실이 먼저라는 믿음에서 시작한 일이었다.

"회사 규모를 키우기에 앞서 직원 모두 동구제약이 좋아서 즐겁게 일해야 효율성이 오를 것이라고 생각했어요. 실무에서 강압적으로 하는 것을 떠나 세심한 부분에서 진정성을 보여주니 서로 마음이 통하더라고요."

2004년에는 직원들을 하나로 모아줄 사원상(社員象)과 사가(社歌)도 만들었다. '회사의 발전은 나의 발전, 운명을 같이하자' 로 시작되는 8가지 사원상과 사가의 노랫말은 이 회장이 직접 썼다. 동구제약의 정신을 임직원들에게 제시한 것이다.

직원들에게 강조하는 경영철학 역시 그녀 특유의 경영론(論)에서 비롯된다. 이 회장은 임직원들을 나란히 레일 위를 달리는 기차에 비유했다. 기차의 한 량(팀)이 여러 개 붙어 기차(회사) 하나가 돼 동일한 목적지를 향해 나아가듯, 부서 이기주의를 버리고 소통해야 한다는 이야기다.

"골인한 지점을 향해 달리던 기차에서 차량 하나가 자기 잘났다고 삐져나오면 전체가 달리지 못하잖아요. 우리는 레일 위를 달리는 각 팀이 모였으니 화합해야 한다고 늘 강조해요. 빨리 가려면 혼자 가고 멀리 가려면 함께 가라는 말이 있듯이, 공동체는 함께 가야 해요. 서로 이해하고 나누고 힘을 모을 때 목표를 향해 갈 수 있는 힘이 되니까요."

우리나라에서 직장생활을 하거나 사업을 할 때 마주하는 벽 가운데 하나는 '부어라 마셔라' 하는 회식(접대)문화다. 여성이든 남성이든 똑같이 겪는 불편한 자리다. 이 회장도 남성 위주의 제약업계에서 사업을 하려면 술을 배워야 한다는 조언을 많이 들었다고 한다. 하지만 이 회장은 지금도 맥주 한 잔을 못 마신다. "술 마시고 마음 속 깊이 있는 말을 툭 터놓는 일은 적겠지만 (술을) 못하면 못하는 대로 업무적으로 이야기하면 된다"라는 게 이 회장의 오래된 생각이다.

그 대신 어머니와 같은 자신의 강점을 살리는 데 주력했다. 직원들 이름을 일일이 기억하고 "입사를 환영한다"라고 말한다든지, "아기는 잘 커?", "왜 매출이 이래. 잘해" 하며 어깨를 툭 쳐준다거나 하는…. 만나는 직원마다 격려하며 다독였다. 그렇다고 마냥 부드럽지는 않았다. 지적할 땐 칼같이 했다.

"2세 경영체제가 완성된 지금도 영업회의와 임원회의, 부서장 회의에 참석해 회사 전반을 익히고 있어요. 회의를 쭉 둘러보고 항상 '왜?' 라는 질문을 하고 회의 방식을 개선해야 한다는 등의 조언을 해줘요."

이 회장은 요즘도 배움의 끈을 놓지 않고 있다. 새로운 문화를 받아들여야 직원들과 소통할 수 있다는 생각에서다. 일방적으로 지시하고 관료적인 리더십의 시대는 지났고, 요새 떠오르는 화두인 마음 경영, 감성 경영에 크게 공감하고 있다고 한다.

"빠르게 돌아가는 시대에 새로운 지식을 숙지하지 못할지라도 흘러가는 정보나 기본 개념을 알려고 노력해요. 내가 이해하고 받아들여야 회사에도 은연중에 전파가 될 테니까요. 왜, 나이 먹은 사람더러 배우기를 지속적으로 하라고 하잖아요. 사람을 많이 만나고 여행도 하고, 음악도 듣고 하는 것처럼 문화 예술적인 감각을 익히면 마음도 편하고 경영에도 도움이 된다고 생각해요. 사람의 마음을 이끌고 함께하는 게 경영 트렌드죠."

미래의 CEO를 꿈꾸는 이들에게도 같은 맥락의 조언을 건넸다. '고급인력을 썩히는 건 아까우니' 열심히 많이 배우고 이를 활용해 사회에 기여하라는 것이다. 옛날에는 고정관념에 묶였으나 요즘은 상상력과 창의력으로 새로운 미래 가치를 개척해나가야 한다고 당부했다.

"여성들은 공동체를 조화롭게 이끌어가고 섬세하지만, 멀리 보고 원대하게 가는 건 남성보다 조금 약한 측면이 있어요. 이 둘이 조화되면 금상첨화죠. 서로의 장단점을 보완해나가며 함께 가는 것이 우리 시대의 흐름 아닐까요."

이경옥 회장은?

▲1939년 출생 ▲1959년 인천여자고등학교 졸업 ▲1993~1999년 동구제약 부사장 ▲1994~2006년 대한약품공업협동조합 이사 ▲1997~2005년 동구제약 대표이사 ▲2004년 백만불 수출의 탑 수상 ▲2005년 12월~동구제약 회장

동구제약은 어떤 기업?

동구제약은 1970년 창립된 중견 제약사다. 과거부터 피부과와 비뇨기과 영역에서 강했다. 이 회사는 스웨덴 AB세르넬과 기술제휴를 맺고 생산 중인 전립선 치료제 '쎄닐톤'과 생균제제 '벤투룩스' 등을 주력으로 전문의약품 분야에서 입지를 다져왔다. 지난 2011년에는 피부과 영역에서 처방건수 1위를 달성했다. 특히 지난 2007~2010년 4년간 연평균 30% 성장해 화제가 됐다.

최근에는 바이오 분야를 신수종 사업으로 정하고 또 다른 도전을 계획하고 있다. 국내 제약시장이 정부의 약가인하 정책으로 타격을 입자 새로운 돌파구를 찾아야 한다는 생각에서다. 위기대응 능력을 키우기 위해 2013년 현재 70%인 의약품 비중을 2014년 50%로 줄이는 대신 바이오, 헬스기기 등에 눈을 돌린 것도 이 때문이다. 이를 위해 2014년 1월 초 사명을 '동구바이오제약'으로 바꾸고 코스닥시장 상장을 목표로 차근차근 준비 중이다. 상장을 통해 수혈된 자금은 바이오 의약품 쪽으로 돌릴 생각이다.

동구제약의 2012년 매출은 701억 원이다. 2013년은 850억 원 달성을 목표로 하고 있다.

4cm

강박증

마음가짐에서
답을 찾아라

이희자 루펜리 대표 / **윤미옥** 지아이소프트 대표

'경영의 신'이라 불리는 일본의 세계적 기업가, 이나모리 가즈오 교세라 명예회장은 "리더는 언제나 완벽을 요구받는다. 100% 외에는 의미가 없다. 99%는 90%를 부르기 때문"이라고 말한다. 교세라의 창립자인 그는 평사원에서 CEO의 자리에 올랐고, 위기에 빠진 일본항공(JAL)의 구원투수로 투입돼 성공적으로 정상화시켰다. 가즈오 명예회장이 "매일매일의 습관으로 삼아야 한다"라고 강조한 완벽주의는 그에게 '경영의 신', '미다스의 손'이라는 명성을 가져다줬다. 하지만 그 역시도 "회사에서 도망치고 싶은 순간이 있었다"라고 고백한다.

열심히 하려고 했는데, 더 잘해보려고 했는데…. 성공을 위한 야심과 노력이 늘 긍정적인 성과만을 창출해내는 것은 아니다.

《당신을 성공으로 이끄는 1% 리더십》의 저자 데이비드 도트리

치와 피터 카이로는 실패한 리더들이 빠지는 대표적인 함정을 '완벽주의' 라고 지적했다. 이들은 CEO의 실패 이유를 11가지로 요약하며, '완벽주의', '남을 기쁘게 해주기 위한 열심' 을 나란히 거론했다.

완벽주의의 함정에 빠진 이들은 자신이 설정해놓은 이상적 자아상과 자신을 끊임없이 비교하며 그 격차에 좌절하고는 한다. 또 실패와 실수에 대한 큰 두려움을 갖고 있다는 공통점이 있다.

특히 사회생활을 하는 여성들은 모든 것에 완벽해야 한다는 강박증에 시달리기 쉽다. 유리천장을 깨기 위한 강박증, 실패와 실수를 용납하지 않는 엄격주의, 가정과 직장생활을 동시에 해내고자 하는 욕심 등이 대표적이다.

오늘날 많은 여성들은 사회적 성공과 자기관리에서 점점 더 완벽함을 추구하는 슈퍼우먼 콤플렉스에 사로잡혀 있다. 완벽한 직장인, 완벽한 딸, 완벽한 아내, 완벽한 엄마 노릇을 동시해 수행해야 한다는 강박관념은 오히려 이들을 쉽게 좌절하고 포기하게끔 하는 이유가 되기도 한다.

흠 잡히지 않기 위해 지나치게 신경을 쏟아부은 나머지 먼저 지쳐버리는 것이다. 모두 잘하려다 보니 책임은 무거워지고, 결국 피해의식만 커지기 십상이다. 강혜련 이화여자대학교 경영학과 교수는 그의 저서 《여성과 조직 리더십》에서 "슈퍼우먼 콤플렉스는 일하는 여성에게 경계 대상 1호다"라고 충고한다.

브레네 브라운 박사는 여성들의 이 같은 강박증을 다음과 같이 정의한다. "일, 가정, 외모, 건강…모든 걸 완벽하게 해내야 해. 그리고 그걸 하느라 얼마나 애썼는지도 다른 사람이 모르게 해야 해. 여기에서 낙오되는 순간, 아무도 나를 도와주지 않아." 그리고 말한다. "나는 왜 내 편이 아닌가."

그렇다. 당신은 과연 당신의 편인가.

왜 많은 여성들이 이 같은 강박증에 빠져 있을까. 대다수 전문가들은 여성이 남성에 비해 상대적으로 스트레스, 일과 개인생활의 분리에 취약하다고 꼬집는다.

여성은 양쪽 뇌를 이용해 말과 신체언어를 더 빠르게 처리한다. 그리고 감정중추인 대뇌 변연계가 남성보다 더 크다. 이는 동일한 환경에서 여성들이 더 강한 스트레스를 느끼는 이유다. 이 때문에 상대적으로 여성은 우울해지기 쉽고 갑작스러운 감정변화에 대처하지 못하는 모습을 보이고는 한다. 또한 사회적으로 가정 및 육아에 대한 책임을 더 많이 짊어진 여성들은 일과 개인생활의 분리에도 어려움을 겪는다.

이 때문에 이들은 위기상황에서도 더욱 취약한 모습을 나타낸다. 건강한 완벽주의는 높은 성과로 이어지지만, 스스로 정한 기준에 맞추지 못할 경우 자존감이 낮아지는 부작용도 있다. 자존감이 떨어진 여성이 과연 전쟁터로 비유되는 사회생활에서 얼마나 버틸 수 있을까. 답은 이미 나와 있다.

'행복학 강의'로 유명한 하버드 대학교 심리학과의 탈 벤 샤하르 교수는 "한 분야의 전문가가 되기 위해서는 1만 시간의 노력이 필요하다고 하는데, 완벽주의자는 이런 장기간의 레이스를 완주하기 힘들다"라고 지적한다.

이들은 끊임없이 본인의 역량을 뛰어넘는 수준의 목표를 설정해 매진하고, '실패하면 어쩌나'라는 부정적 사고를 먼저 한다. 또한 실패했을 경우 주변 사람들의 시각에 대한 두려움을 갖기도 한다. 완벽함을 추구하는 과정에서 정신적 스트레스와 육체적 피로도 만만치 않다.

결국 번아웃burn-out돼 장기적인 성과 하락으로 이어질 가능성이 높다는 설명이다. 샤하르 교수는 "완벽하게 완벽주의 성향을 없앨 수는 없지만 훌륭하고 행복한 삶이 결과가 아닌 과정에, 목적지가 아닌 방향에 있다는 사실을 깨달아야 한다"라고 강조한다.

혹시 달성욕을 지나치게 앞세운 채 자기 자신을 극한으로 밀어붙이지는 않는가? 아니면 탁월한 수준의 성과를 얻었음에도 불만족하고 있지는 않은가? 실패하지 않겠다는 두려움, 즉 실패 혐오증이 당신의 원동력이 돼 있지는 않은가?

이 같은 강박증에서 벗어나기 위해서는 어떻게 해야 할까? 전문가들은 '마음가짐'에서 공통적으로 해답을 찾는다.

1. 완벽주의의 함정을 인식하라.

2. 우선순위를 정하라.

3. 경쟁과 실패, 꼬리표에 초연해져라.

4. 긍정의 마음가짐을 잊지 마라.

먼저 함정을 인식하라. 똑같은 완벽주의 성향을 갖고도 최고의 리더 자리에 오른 이와 실패한 이가 있다. 이들의 차이는 '완벽주의의 함정을 어떻게 극복했는가' 다. 스스로에게 물어보자. 나는 완벽주의 성향이 강한 사람인가, 이 성향이 나의 발전에 도움이 되는가, 내 주변 사람들은 나의 완벽주의로 인해 어떤 대가를 치르는가. 정확한 자기 인식이 첫걸음이다.

두 번째는 우선순위다. 세 사람이 해야 할 일을 혼자 완벽하게 해내는 것은 처음부터 불가능한 일일 수 있다. 설마 가능하더라도 장기전이 될 경우, 지쳐 포기하는 경우가 많아진다. 완벽한 직장인인 동시에 완벽한 딸, 완벽한 엄마가 되고 싶은가? 자신이 잘할 수 있고 해야만 하는 것의 우선순위를 매겨라. 그리고 조금 덜 중요한 것은 버리는 지혜가 필요하다. 때로는 죄책감이 들고 이기적이더라도 자신이 중요하다고 생각하는 것을 추구하라.

셋째로 경쟁과 실패에 초연해져라. 인생이 늘 승승장구할 수는 없다. 리더는 더 많은 경쟁 상황에 직면하게 되며, 실수와 실패도 겪을 수밖에 없다. 《좋은 기업을 넘어 위대한 기업으로》의 저자 짐 콜린스는 위대한 기업을 만들기 위해 5단계 리더가 있어야 한다고 말한다. 5단계 리더의 필요한 덕목 중 하나는 역량에 얽매이지 않는 초연함이다.

다른 사람들의 시각에서도 자유로워질 필요가 있다. 실패만큼 우리를 힘들게 하는 것은 '꼬리표'다. 브레네 브라운 박사는 자신의 저서 《나는 왜 내 편이 아닌가》에서 "그것이야말로 관계의 독"이라며 이같이 말한다. "'저런 일을 당하고도 견딜 수 있을까?' '저 사람 망가졌어.' 불필요한 호기심이 동반된 이 꼬리표를 웃어넘겨라. 대신 진정으로 공감해줄 이들에게서 위안을 얻어라."

마지막으로 가장 중요한 것은 긍정의 마음가짐이다. 영국의 남극탐험가 로버트 스콧은 전 세계에서 두 번째로 남극점을 정복했으나, 돌아오는 여정은 매우 험난했다. 악천후로 식량 운송로가 끊기고 연료가 바닥난 가운데 동상을 입고 조난마저 당했다. 그와 4명의 동행자는 최악의 상황에 대비해 아편을 갖고 있었다. 하지만 그들은 아편을 택하지 않았다. 8개월여 뒤 구조대가 이들을 발견했을 때는 이미 싸늘한 시체로 변한 뒤였고, 가슴 속에는 유서가 한 통 남겨져 있었다. "마음의 평정과 용기를 지닌 이라면 자신의 관위에서도 절경의 아름다움을 간직할 수 있다. 극한의 굶주림 속에서도 노래할 수 있다." 최악의 상황에서도 그들은 꿈을 꿨다.

여기에 완벽주의의 함정과 터널을 지나온 여성 CEO들이 있다. '음식물처리기' 하나로 '벤처계의 신데렐라'로 떠올랐다가 매출이 급락하는 위기를 맞았던 루펜리의 이희자 대표는 한때 '반드시 성공해서 주변에 보여주겠다'는 강박감에 시달렸다. 경영자이자 아내, 어머니, 종갓집 며느리 역할까지 완벽하게 해내겠다는 욕심이 그의 발목을 잡기도 했다. 하지만 어느 순간부터 마음을 내려놨다. 3년 이상 매일 감사 노트를 써온 그는 "시행착오를 겪은 이제는 진심으로 절실히 모두에게 감사한다"며 자신의 가장 큰 강점으로 '초연함'을 꼽는다.

창업과 동시에 '첫해 매출 0원'이라는 위기를 맞은 윤미옥 지아이소프트 대표는 "위기라고 생각한 순간이 오히려 공부가 됐고, 위기 다음에 기회가 올 수 있게 만들어줬다"라고 말한다. 어떠한 순간에도 긍정적인 생각을 놓지 않았던 것이 그 비결이다. "조급할 필요가 없다. 모든 경쟁에서 이기는 것보다 함께 가는 것이 더 중요하다"고 그는 강조한다. 특히 윤 대표는 "완벽주의, 강박증과 프로페셔널함은 다르다"며 슈퍼우먼 콤플렉스에 시달리는 여성 리더들이 "자신감과 자존감을 가질 것"을 당부했다.

이희자

| 루펜리 대표 |

최선을 다하면
될 수밖에 없다

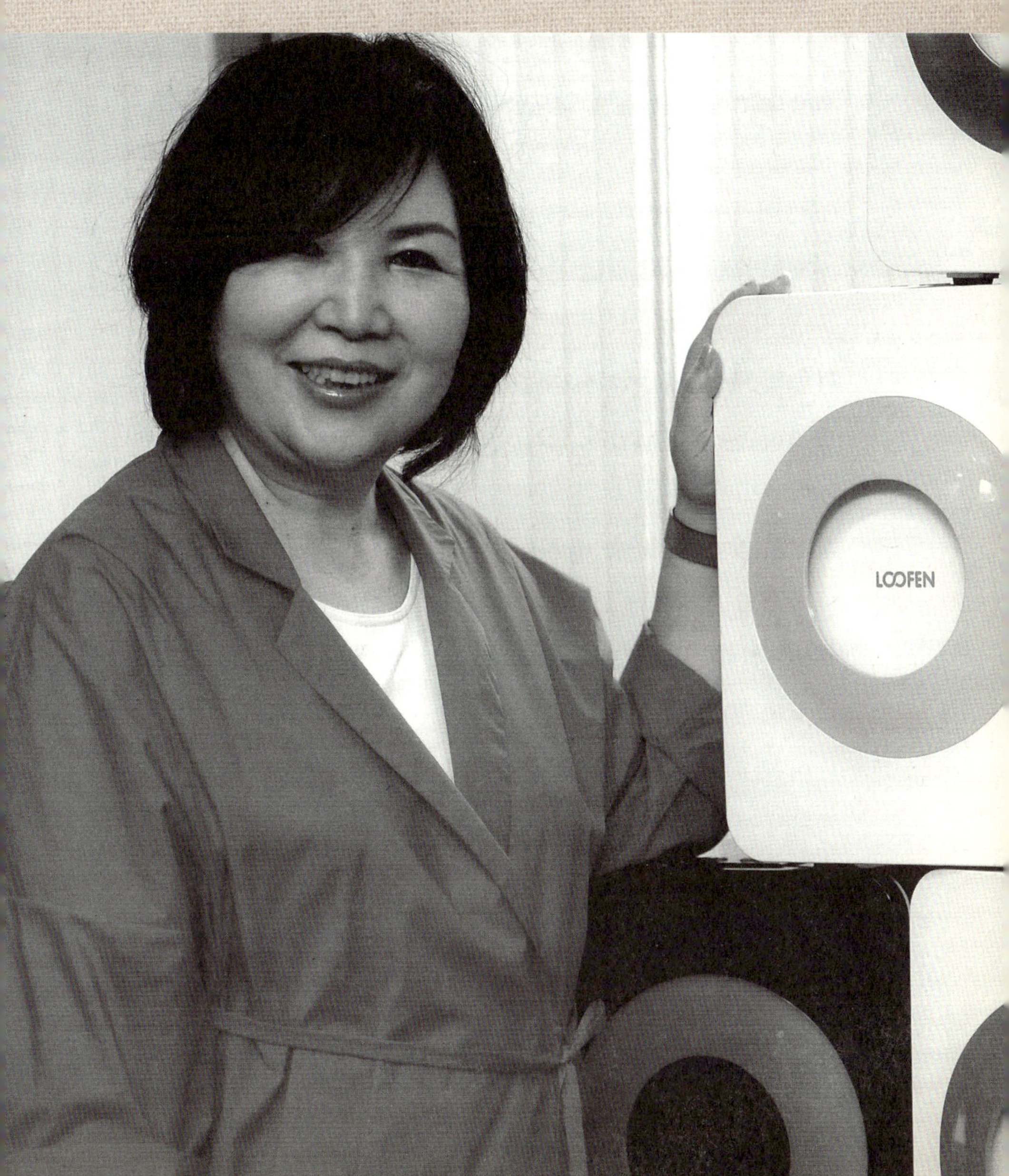

"반드시 성공해서 주변에 보여주고야 말겠다는 강박감이 있었죠. 회사가 어려워지니 바로 등 돌리는 사람들이 많이 밉기도 했고요. 지금은 많이 내려놓았어요. 이걸 딛고 도약해야 내가 제대로 된 CEO 아니겠어요? 지금부터 다시 제대로 해볼 겁니다."

매일 오전 5시면 눈을 뜬다. 가장 먼저 하는 일은 침대 옆 노트를 펼치고 볼펜을 드는 것. "감사합니다. 감사합니다. 감사합니다." 몇 페이지를 빼곡히 채운다. 마치 스스로 세뇌라도 하듯. 그렇게 흐른 시간이 3년여, 어느덧 그의 침대 옆에는 다 쓴 노트 3~4권이 쌓였다.

"회사가 어려워졌을 땐 사람들을 원망하는 마음도 있었지만, 이제는 정말 모든 것에 감사하다는 생각이 들어요. 진심으로, 절실하게요." 한때 '벤처계의 신데렐라'로 불렸던 여성 대표 CEO, 이희자(59세) 루펜리 대표의 이야기다.

이 대표는 10년 전인 2003년 주부에서 사업가로 변신해 음식물 처리기 한 대로 '성공한 여성 CEO' 반열에 올랐다. 이제는 익숙해진 '처리기'라는 단어를 그가 최초로 만든 셈이다.

　회사 설립 5년 만에 매출 1000억 원대를 돌파하고 승승장구하는 듯하던 그의 사업가 인생은 2008년께 벽에 부딪혔다. 한 방송사에서 방영한 전기세 관련 고발 프로그램 배경화면에 루펜리의 제품이 등장하며 국내 영업이 사실상 중단된 것이었다. 여기에 2007년 2000억 원대에 달하던 음식물처리기 시장이 2009년 500억 원대로 쪼그라들며 그의 행보에도 발목이 잡혔다. 싼 가격을 내세워 너나 할 것 없이 쏟아진 수십여 개의 모방제품도 그를 힘겹게 했다.

　사업이 어려워지자 당장 은행권에서부터 독촉이 시작됐다. 매출은 급락했다. 평생 이곳에 뼈를 묻겠다고 말하며 동고동락하던 임직원들은 하나둘 그를 떠났고, 일부는 경쟁사에서 그를 공격해댔다. 가슴이 아팠지만 그는 다 받아들였다. "아, 이런 수순이구나 싶더군요. 제3자의 자리에서 저를 바라보게 되더라고요."

　괴롭지 않은 것은 아니었다. 자존심이 상했다. 오기도 생겼다. "반드시 재기해 보여주고야 말겠다" 하는 강박감, 누군가에 대한 원망이 뒤섞이며 그를 괴롭혔다. 경영자인 동시에 아내, 어머니, 종갓집 며느리로서 흠 잡히지 않겠다는 욕심도 그의 어깨를 짓눌렀다. 매일 아침 노트에 감사하다는 글을 빼곡히 쓰기 시작한 것이 이때부터다. "그래야만 내 마음도 편해지고 일도 잘 풀릴 것 같았어요. 그간 내 제품이 최고인 양 잘난 척했습니다. 시행착오를 겪은 이제는 진심으로 절실히 모두에게 감사해요." 이 대표는 무거운 짐을 내려놓은 듯 시원한 표정으로 웃었다.

"기업을, 경영을 쉽게 본 값을 치렀다고 생각해요. 10년차가 된 지금은 제대로 해봐야겠나는 각오가 생겼고요. 처음 창업을 했을 때도 반드시 성공해 내 주변에 보여주겠다는 오기가 있었지만, 지금은 그때보다 더 내려놓은 것 같아요. 이걸 딛고 도약해야 내가 제대로 된 CEO예요. 내게 붙은 수식어들이 많은데 지금 생각하면 부끄럽기도 합니다."

어려웠던 시기에는 그만큼 유혹도 많았다. 루펜리를 매각하라는 제안부터 녹즙기 등 타사가 개발한 제품에 이름만 붙여 함께 출시하자는 요청도 들어왔다. 하지만 그는 자신이 개발하지 않은 제품에 이름만을 붙여 팔고 싶지 않았다. 그에게 루펜리와 루펜리의 제품은 곧 자기 자신, 마지막 자존심이나 마찬가지였기 때문이다. "이익만 따지자면 아무 제품에나 이름을 붙여 팔겠죠. 그런데 그건 성취감이 없잖아요. 부끄럽지 않고 싶어요." 대신 이 대표는 자신을 창업으로 인도해준 음식물처리기 신제품 개발에 몰두했다. 더 저렴하고, 더 친환경적이고, 더 편리하게 사용할 수 있는 상품. 그리고 루펜리는 2014년에 신제품을 출시할 예정이다. "혁신이 될 거예요." 이 대표는 자신만만한 표정을 지었다.

평범한 여성이자 주부로 살아온 그는 만 49세이던 2003년 사업가라는 새로운 삶에 눈을 떴다. 종갓집 6남매의 맏며느리, 적지 않은 나이, 23년의 전업주부 생활, 그리고 30억 원의 빚. 그의 사업가

인생은 분명 시작부터 평탄하지 않았다. 잘나가던 남편의 환경사업이 외환위기로 고꾸라지며, 사채업자들의 협박에 시달렸다. 돈이 없어 2남1녀 자녀의 급식비조차 내지 못했다.

전화 받는 업무라도 돕겠다며 출근한 남편의 사무실에서 이 대표는 우연히 음식물처리기 아이디어를 얻었다. 주부였기에 발견할수 있었던 아이템이었다. 이내 그는 가족 몰래 사무실을 차리고 남동생 등 직원 네 명과 사업을 시작했다. 초기 자본금은 기술보증기금을 통해 대출받은 3억 원과 지인들로부터 융통한 2억 원 등 총 5억 원이었다. 뒤늦게 알게 된 집안 어른들과 남편은 이혼서류를 내밀며 반대했지만, 그의 결심은 확고했다.

"원래 꿈이 사업가였어요. 하지만 제가 20~30대일 때만 해도 여자들은 결혼하면 사표 쓰는 게 당연시되는 시대였죠. 창업 후에는 주변 반대도 심했지만 정말 즐거웠어요. 힘들지만 제 일을 한다는 기쁨이 컸거든요. 가족과 남편도 곧 든든한 후원자가 됐고요."

그가 사업가로 이름을 알리게 된 배경에는 주부의 심리를 꿰뚫는 아이디어뿐 아니라, 무슨 일이든 진심을 다해야 한다는 지론과 실천이 있었다. 이 대표는 "최선을 다했는데 안됐다는 말은 없다"라고 딱 잘라 말했다. 최선을 다하면 될 수밖에 없다는 것이다.

"최선을 다했는데 안됐다, 하는 말은 자기 자신을 속이는 말이에요. 분명 무언가를 끝까지 하지 않았기에 일이 안된 것이거든요. CEO에게도 훈련이 필요합니다. 세계 1위인 김연아 선수의 가냘픈

몸과 아름다운 동작 뒤에는 매일매일의 피눈물 나는 훈련이 있었어요. CEO도 결코 하루아침에 만들어지지 않아요. 매일매일 최선을 다하고, 또 수많은 어려움을 극복해야만 합니다."

대표 여성 CEO로 손꼽히는 그는 여성들이 사회생활에서 불이익을 받는다는 말에는 동의하지 않았다. "여성이라서 못했다는 것은 곧 능력 부족"이며 "자기가 자신의 위치를 만드는 것"이라는 게 그의 지론이다. 그는 여성 CEO들이 남성 CEO들처럼 폭탄주를 마시며 '나는 동등하다'고 표현하는 것도 좋지 않다고 꼬집었다. 여성 CEO는 여성 특유의 강점을 살릴 필요가 있다는 주장이다.

음식물처리기 루펜을 처음 건설업체에 빌트인 가구로 공급하려 할 때의 일이다. 대기업과의 접촉이 쉽지 않자, 이 대표는 당시 롯데건설 CEO의 집으로 직접 찾아갔다. 일면식도 없는 그가 쫓겨나는 것은 당연했다. 그러나 이 대표는 굴하지 않고 수십 차례 CEO의 집을 찾아 사모님을 설득, 음식물처리기를 설치했다. CEO에게도 수차례 손편지를 보냈다. 이후 제품의 성능을 직접 확인한 CEO 부부가 롯데캐슬의 빌트인 가구로 루펜을 설치했고, 롯데캐슬은 '음식물 쓰레기 없는 아파트'라는 홍보전략으로 높은 호응을 얻었다.

뒤늦게 사회생활을 시작한 이 대표는 상대적으로 육아부담 없이 사업에 전념할 수 있었다. 그는 49세라는 나이가 창업가로서 첫발을 내딛기에 결코 늦지 않은 나이라고 강조한다. 오히려 그는 "주부로 살아온 시간, 모든 경험이 다 사업가 인생에 바탕이 됐다"며 육아와 일 사이에서 치열하게 고민하는 여성들에게 "애들을 키워야 하는 시기에는 잠시 일을 쉬고 육아에 집중하는 것도 좋다"라는 해답을 내놨다.

"육아에 전념할 시기가 지나서도 일할 시간은 충분해요. 물론 현실적으로 어려움이 있다는 것도 알아요. 하지만 이런 제약들이 오히려 새로운 것에 도전해볼 수 있는 더 큰 기회가 될 거예요. 내 인생을 멀리, 장기적으로 보고 디자인했으면 좋겠어요. 잠시 육아를 하느라 일을 쉬면 어때요. 그 가운데 꿈을 잊지 않으면 되는 거예요."

요즘 루펜리 직원들은 이 대표를 '불사조'라고 부른다. 처음 이 별명을 들었을 때는 웃음을 터뜨렸지만, 이제는 이 대표가 가장 좋아하는 별명이 됐다. 루펜리를 정상 궤도로 올려놓고 싶은 그의 바람이 담긴 별명이기 때문이다.

한때는 그도 자신의 이름을 알리고 자신의 명예가 높아지는 그런 성공을 꿈꿨다. 그러나 성공과 좌절을 맛보며 이제는 생각이 달라졌다. 개인에 대한 욕심보다는 죽기 전, 사회에 보탬이 되는 역할을 하고 싶다는 생각이 확고해졌다. 이 대표의 첫 번째 꿈은 전 세계 주부들이 루펜리의 제품을 사용하는 것, 그리고 두 번째 꿈은 세계를 무대로 친환경과 관련된, 더 많은 사람들을 위한 일이다.

"지난 10년간 상처도 받았지만 겁난 적은 없었어요. 겁이 나도 스스로에게 겁내선 안된다고 말하곤 했어요. 이제요? 정말 겁나지 않아요. 지금 저는 등산을 하는 중이에요. 넘어지고 다치고 잠시 길을 잘못 들어도, 내가 가고자 하는 산 정상은 움직이지 않아요. 그것만 바라보고 가면 되는 겁니다. 어떤 어려움도, 내가 주인공인 이야기의 한 부분일 뿐이니까요."

이희자 대표는?

▲1954년 원주 출생 ▲1973년 원주여고 졸업 ▲연세대학교 법무대학원 수료 ▲홍익대학교 디자인대학원 수료 ▲2003년 루펜리 창업 ▲2006년 제12회 우수여성발명인 특허청장상 수상 ▲2006년 제41회 발명의 날 국무총리상 수상 ▲2008년 제네바 국제 발명전 '세계 최고 여성 발명가상' 수상

루펜리는 어떤 기업?

루펜리는 2003년 이희자 대표가 설립한 음식물처리기 전문기업이다. 남은 음식도 부패 전에 말리면 가치가 있을 것이라는 창업자 이희자 대표의 생각이 냄새 없는 음식물쓰레기 처리기 개발로 이어졌다. 박근혜정부 들어 '창조경제'를 상징하는 대표적 기업으로도 손꼽힌다. 제품 이름인 루펜(LOOFEN)은 100% Fresh Environment의 약자다. 자회사 리빙엔을 통해 물방울 모양의 가습기와 제습기, 다리미 등도 출시했다. 또 다른 자회사 루펜큐는 친환경 건자재인 폴리카블을 선보였다. 폴리카블은 자갈 등을 잘게 부순 후 광물질을 섞어 둥근 모양으로 만든 건자재로 국내외 지방자치단체에 납품 중이다.

윤미옥

기회를 잡고 성과를
창출하는 자신감

"조급해 하지 말았으면 좋겠어요. 늘 승승장구할 순 없어요. 모든 경쟁에서 어떻게 다 이기나요? 돌이켜보면 위기라고 생각했던 일들은 지나고 나서 다 새로운 기회가 됐어요."

첫해 매출은 0원. 창업하자마자 닥친 첫 번째 위기였다. 막막함을 넘어서 허탈한 웃음만 나왔다. 윤미옥(49세) 지아이소프트 대표의 CEO 인생은 그렇게 시작됐다.

어려서는 남자아이들과 전쟁놀이를 하던 골목대장이었다. 호쾌한 성격에 리더십도 강해 한때 군인, 검사를 꿈꿨지만, 경영학을 공부하고 섬유기업에 입사해 상무까지 오르며 자연스레 경영자의 길로 들어섰다. 2004년 문을 연 지아이소프트는 위성영상을 활용한 시스템을 구축하고 응용 처리하는 원천기술을 확보한 영상처리분석 기업이다. 직원 15명에 연간 매출은 25억 원대(2012년 기준)다. 말 그대로 작지만 매운 고추, 강소기업이다. 윤 대표는 "회사를 그만두고 창업을 위해 공부하며 재충전의 시기를 갖던 와중에 동생이 사업제안서를 들고 왔다"라며 "신중하게 검토하다 '시장성이 있다'는 판단 아래 지아이소프트를 창업하게 됐다"라고 말했다. 그의 나이 40세 때다.

위기는 창업과 함께 닥쳤다. 정부 등 공공기관과 진행하는 프로
젝트가 매출의 대부분을 차지하는 만큼 정부 예산을 확보하는 것
이 첫 번째 과제인데, 지아이소프트가 문을 연 시기가 이미 예산이
다 짜인 6월이었던 탓이다.

"첫 해 매출이 0원이었어요. 정부 예산 일정을 생각하지 못한 채
창업을 했거든요. 처음 맞는 위기였죠."

10년차에 들어선 지금에야 웃고 넘기는 에피소드가 됐지만 당시
에는 눈앞이 캄캄했다. 당장 직원들에게 줄 월급조차 없었기 때문
이다. 그러나 윤 대표는 감사할 일이라고 그때를 돌이켰다.

"그 시간이 오히려 제게 큰 공부가 됐어요. 저는 경영학을 공부
했을 뿐 영상기술 부문에 대해서는 잘 몰랐거든요. 더 열심히, 본격
적으로 공부했죠. 그때는 위기였다고 생각했지만, 지금 돌이켜보
면 제대로 공부할 수 있는 시간을 벌어준 셈이에요. 함께 창업했던
임직원 4명도 지금까지 함께 일하고 있답니다."

윤 대표의 두 번째 위기는 2009년께였다. 국방부문 프로젝트
가 다수 연기되며 해당부문 매출이 0원이 된 것이다. 하지만 이
때도 윤 대표의 긍정적인 마음가짐이 빛을 발했다. 위기 이후에
는 기회가 오게 마련. 이듬해 지아이소프트는 정보사령관의 판
독소프트웨어를 전량 미국산에서 자사제품으로 바꾸는 데 성공
했다. 소규모 기업이지만 매출이 부진하던 시기에도 지속적으로

투자하고 직원들의 기술개발을 적극 지원한 전략이 열매를 맺은 것이다.

윤 대표는 창업 후 가장 큰 성취감을 느꼈던 경험으로 이때를 꼽는다. 이 프로젝트가 그에게 더욱 각별할 수밖에 없었던 까닭이 따로 있다. 앞서 지아이소프트가 회사 설립 후 처음으로 따낸 계약이 바로 정보사령관의 항공 데이터베이스DB 구축 프로젝트였다. 솔루션 계약이 아닌, 항공사진을 하나하나 스캔하고 번호를 매기는, 말 그대로 허드렛일이었다. 그렇게 첫 연을 맺은 정보사령관에 지아이소프트가 드디어 제대로 된 솔루션 프로그램을 공급하게 된 것이다.

특히 외산을 국산으로 교체했다는 사실은 감격 그 자체였다고 윤 대표는 말한다. 솔루션 계약을 체결했다가 "외산이 더 좋지 않겠느냐"라는 고위급 장성의 말 한마디에 프로젝트가 좌절된 적도 있었기 때문.

아직까지 지아이소프트가 개척하지 못한 대표적인 기관은 국가정보원이다. 윤 대표는 "기술력에는 외산에 뒤지지 않는다는 자부심이 있다"면서 "국정원에도 우리 소프트웨어를 납품할 것"이라고 자신감 넘치는 미소를 지었다.

중소기업 CEO로서 가장 힘든 점은 인력관리다. 공들여 키워온 인력을 대기업 등에서 빼갈 때면 한숨이 나온다. 윤 대표는 "그래서 직원들이 자기 기술을 배우고 키울 수 있게끔 투자하는 데 힘쓰고 있다"라고 비결을 귀띔했다.

대기업과의 용역 프로젝트를 진행하는 과정에서 '갑의 횡포'에 시달릴 때도 곧잘 있다. 턴키 방식으로 수주하는 프로젝트에 대기업과 함께 뛰어들었다가, 수주 후 계약가격이 50%로 깎이기도 했다. 개인적으로도 힘들던 시기였다. CEO의 부족함으로 직원들이 피해를 입었다는 생각에 자괴감에 시달렸다.

"개인적으로 힘들었어요. 내가 너무 몰랐고 너무 순진했구나, 싶어 자괴감이 들더라고요. 모나게 산 적이 없는데, 내가 호의적이면 상대도 호의적일 줄 알았는데 왜 이런 결과가 나왔나라는 생각이 머릿속에서 떠나지 않았죠. 좋은 공부가 됐습니다. 그리고 그때 단념하지 않아서 오히려 해당 분야에서의 전문성을 계속 지켜나갈 수 있었어요."

그는 늘 '사람을 잘 믿는 점'을 자신의 단점으로 꼽는다. 하지만 여전히 자신의 장점으로도 '사람을 잘 믿는 것'이라고 말한다. "더 믿어주는 사람이 더 좋게 되는 경우가 많더라고요. 천성인데 어쩌나요. 제가 이렇게 계속 사업을 할 수 있는 것도 사람을 믿는 힘에서 나온다고 저는 생각해요."

어느덧 10년차 CEO가 됐지만 큰 실패는 없었다고 돌이켜본다. 때때로 힘든 일이 생길 때면 사무실에 앉아서 밤늦게까지 혼자 고민한다.

힘들 만큼 고민해서 결론을 내고, 깔끔하게 다음 일로 넘어가는 타입이다. 잠시 다른 일을 하거나 생각을 안 하고 있으면 오히려 더 스트레스가 쌓인다고.

자신의 롤모델로 그는 정확한 상황판단력과 과감함을 갖춘 여성 CEO 칼리 피오리나를 꼽았다. 사무실 책장에는 칼리 피오리나의 자서전이 언제나 손 뻗으면 쉽게 닿는 곳에 꽂혀 있다.

"비슷한 상황을 거친 롤모델이 늘 내 옆에 있기란 어려워요. 제가 경영을 시작하던 시기는 여성들의 사회생활에 대한 인식이 갓 바뀌기 시작했을 때였죠. 바로 옆에서 조언해줄 롤모델이 없어서 아쉬운 때가 많았어요. 그 대신 저는 책에서 롤모델을 많이 찾았어요. 아, 이 사람은 이렇게 했구나, 이 사람의 어떤 점을 닮아야겠다. 이런 식으로 배워갔죠."

특히 윤 대표는 리더에게 가장 필요한 덕목으로 자신감과 자존감을 첫 손에 꼽았다. 자기 스스로를 믿고, 스스로를 귀하게 여겨야 한다는 것이다. 자신감과 자존감을 갖춘 리더는 위기의 순간에서도 기회를 잡고, 성과를 창출해낸다. 모든 것을 완벽하게 처리하려 하거나 모든 경쟁에서 이기고자 하는 강박증에 대해서는 경계감을 내비쳤다. "여성 직장인들은 좀 더 프로페셔널해질 필요가 있다"라면서도 "프로페셔널함은 완벽주의, 강박증과는 다르다"라고 선을 그었다.

"모든 경쟁에서 이기는 것보다 함께 가는 것이 더 중요해요. 조급해 할 필요가 없어요. 그러기 위해서는 자신감과 자존감이 가장 바탕이 돼야 합니다. 자존감을 높이기 위해서는 어떻게 해야 할까요. 일례로 저는 제 생일마다 스스로에게 꼭 선물을 줘요. 프로젝트를 수주했거나 어떤 성과를 냈을 때도요. 스스로를 독려하고 징찬해주는 거죠. 자신을 귀하게 여기지 않는다면 그 누구로부터도 존중 받을 수 없어요.”

윤미옥 대표는?

▲1964년 서울 출생 ▲한양대학교 관광학과 학사, 숭실대학교 경영대학원 석사, 박사학위 수료 ▲1985년 아승사 입사 ▲2004년 지아이소프트 창업 ▲ 2009년 환경부장관상 수상 ▲2011년 정보사령관 감사장 수상

지아이소프트는 어떤 기업?

지아이소프트는 위성, 항공사진, 레이더, 지도 등 영상을 처리하고 분석하는 전문 회사다. 위성영상을 활용한 시스템을 구축하고 응용·처리하는 원천기술을 확보하고 있다. 국방에서부터 기상 등 공공기관에 이르기까지 사업을 수행하며 영상활용 시스템 구축 분야에서 선도적 역할을 담당하고 있다. 최근에는 산사태 애플리케이션 등 솔루션을 통해 다양한 앱을 개발하는 소프트웨어 부문에 집중하고 있다. 위성영상사업은 세계적으로 향후 시장성이 크다고 판단되는 분야이지만 아직까지 국내 기업의 진출은 미미하다. 더욱이 국방과 기상 부문을 둘 다 영위하는 전문기업은 국내에서 지아이소프트가 유일하다. 2012년 기준 직원 15명과 함께 연간 25억 원대의 매출을 기록 중이다. 지아이소프트는 2018년까지 매출 100억 원을 목표로 하고 있다. 이를 위해 이르면 2013년 말부터 개발도상국 등 해외진출 사업도 본격화할 예정이다.

5cm

롤모델

닮고 싶은 성공의
모델을 향해 나아가라

김금자 롤팩 대표 / **홍의숙** 인코칭 대표 / **이길순** 에어비타 대표

1998년 나가노 동계올림픽 피겨 스케이팅 경기를 녹화한 비디오테이프를 보던 한 소녀. 은메달을 딴 미셸 콴의 경기를 보며 자신도 모르게 거실에서 피겨 스케이트를 탔다. 그 소녀는 미셸 콴의 연기가 담긴 비디오를 보고 또 보며 작은 손동작, 표정까지 기억하려고 애썼다. 마치 미셸 콴이 된 것처럼…. 이 과정에서 소녀의 꿈도 '피겨 선수'에서 '미셸 콴을 닮은 피겨 선수'로 구체화됐다. 힘든 훈련과 부상에 피겨 스케이트를 포기하고 싶을 때면 미셸 콴을 떠올리며 부츠 끈을 다시 맸다.

미셸 콴을 닮고 싶던 소녀는 이제 미셸 콴을 뛰어넘는 세계 최고의 선수가 됐다. 바로 '피겨 여왕' 김연아 이야기다. 김연아가 미셸 콴을 롤모델role model 삼아 피겨 선수의 꿈을 키웠던 것처럼, 이제는 전 세계 피겨 꿈나무들이 김연아를 롤모델로 바라보며 꿈을 키우고 있다. 롤모델이 인재를 낳고 그 인재가 다시 롤모델로 성장한 좋은 사례다.

　롤모델의 사전적 정의는 '자기가 마땅히 해야 할 직책이나 임무 따위의 본보기가 되는 대상이나 모범'이다. 즉 롤모델은 닮고 싶거나 본받을 인물로 통한다. 따라서 롤모델은 꼭 직접 만나 조언을 들을 수 있는 사람이 아니어도 좋다. 고인이 된 위인이나 유명인사라도 자신의 꿈이나 목표의 표본으로 삼아 닮고 싶다면 롤모델로 삼을 수 있다. 롤모델의 성공·실패과정을 벤치마킹함으로써 자연스럽게 자신의 목표 또한 달성할 수 있게 된다. 김연아 역시 미셸 콴의 벤치마킹을 통해 세계 최고의 선수로 성장했다. 미국의 저명한 카운셀러이자 세미나 강사인 잭 캔필드가 "나쁜 습관을 바꾸려면 성공적인 롤모델의 습성을 연구해야 한다"라고 강조한 것도 이 같은 이유에서다.

　리더를 꿈꾸는 여성에게 본보기인 롤모델과 함께 옆에서 직접적으로 조언하고 이끌어줄 수 있는 멘토mentor까지 있다면 금상첨화다. 《오디세이아》에 나오는 오디세우스의 충실한 조언자의 이름에서 유래한 멘토는 지혜와 신뢰로 한 사람의 인생을 이끌어주는 지도자의 의미를 담고 있다. 롤모델과 달리 멘토는 자신의 가까이에서 이끌어줄 수 있어야 하며 도와줄 수 있어야 한다. 롤모델이 꿈, 목표의 도달점이라면 멘토는 꿈의 실현을 위해 옆에서 조언하고 이끌어주는 동반자인 셈이다.

전문가들은 롤모델과 멘토의 성공·실패를 벤치마킹하는 과정과 네트워크를 통한 플레이를 통해 기업이 함께 성장한다는 점에서 CEO에게 롤모델과 네트워크는 꼭 필요하다고 지적한다. 세계 경제를 좌지우지하는 글로벌 경제인 역시 롤모델과 멘토가 있었다. 실례로 빌 게이츠 마이크로소프트MS 창업주는 아버지를 롤모델로 창업의 길에 들어섰다. 애플의 공동 창업자 스티브 잡스의 멘토는 엔지니어나 마케팅 전문가들이었다. 레지스 매케나의 도움을 받아 사과 모양의 애플 로고를 만든 것은 유명한 일화다. 마크 저커버그 페이스북 창업주는 스티브 잡스라는 롤모델을 통해 성공 방정식을 찾았다. 전 세계 여성의 대표 롤모델로 꼽히는 셰릴 샌드버그의 멘토는 래리 서머스 하버드대학교 교수, 도널드 그레이엄 〈워싱턴 포스트〉 사장, 팻 미체 팰리센터 CEO였다.

특히 여성 CEO의 경우 여성만의 고민을 함께 나누거나 본보기로 삼을 여성 롤모델이나 멘토가 필요하다는 게 전문가들의 지적이다. 그렇다고 남성이 여성의 멘토가 돼서는 안 된다는 의미는 아니다. 여성들의 경우 결론과 직접적인 해결책을 중시하는 대다수의 남성과 달리 과정과 감정을 중시하는 성향이 강한 편이다. 이와 같은 이유에서 "아, 그렇구나", "많이 힘들었겠다", "그래서 어떻게 하고 싶니?" 등과 같이 자신의 이야기에 동조하며 마음속에 있는 이야기를 쏟아내도록 북돋아주는 여성 멘토를 통해 긍정의 결론을 얻을 수 있을 것으로 보는 것이다.

그러나 여성들이 현실에서 롤모델과 멘토를 찾기는 쉽지 않다. 영국의 경제 전문지 〈이코노미스트〉가 공개한 26개국 OECD 국가들의 유리천장 지수 결과(2013년 3월) 72점으로 12위를 기록한 미국에서도 여성보다 남성이 멘토를 구하고 유지하기가 쉽다는 연구 결과가 있다. 미국 조사업체 카탈리스트가 발표한 연구결과에 따르면 CEO나 최고위 임원을 멘토로 두는 경우는 남성이 78%였고 여성이 69%였다. 여성 롤모델도 부족한 편이다. 실제로 미국 12대 최고 경영학교를 졸업한 여성들이 MBA 학위과정 중 부딪히는 장벽 중 최우선으로 꼽은 것이 바로 '여성 롤모델의 결핍(56%)' 이었다.

같은 유리천장 지수 조사에서 100점 만점에 14점을 받으며 꼴찌(26위)를 기록한 한국의 상황은 더 심각하다. 〈아시아경제신문〉과 한국여성벤처협회가 중소기업 여성 CEO 100명을 대상으로 설문조사한 결과(2013년 10월) 롤모델이나 멘토가 있다는 응답은 47%에 그쳤다. 나머지 53%는 롤모델이나 멘토 없이 경영활동을 하는 것으로 나타났다. 또 '남성들에 비해 여성들의 인적 네트워크가 부족하다' 고 생각하는 의견도 78%에 달했다.

특히 여성 롤모델과 멘토가 부족한 것으로 조사됐다. 롤모델이 있다는 답변 중에서도 가장 많이 꼽힌 이는 고 정주영 현대그룹 명예회장과 이건희 삼성전자 회장, 스티브 잡스, 빌 게이츠 등 유명 남성 기업인이었다. 정주영 명예회장의 경우 맨주먹으로 시작해 이제 우리 경제의 젖줄이 된 자동차, 조선, 건설사업을 키워냈다는 점에서 롤모델로 삼고 있는 것으로 나타났다. 스티브 잡스나 빌 게이츠는 혁신 아이콘으로, 창조경제의 본보기로 삼고 있다는 답변이 많았다. 이 외에도 박용만 두산그룹 회장, 이해진 NHN 의장, 김택진 엔씨소프트 대표, 이석우 카카오 대표 등 제조 · IT 분야에서 다양한 남성 기업인이 롤모델로 꼽혔다.

반면 여성 롤모델은 한경희 한경희생활과학 대표, 이은정 한국여성벤처협회 회장(한국맥널티 대표), 양윤선 메디포스트 대표 등에 그쳤다. 여성 롤모델이나 멘토의 부족에는 다양한 이유가 있겠지만 기업인 수 자체의 부족에 따른 표본 부족이 가장 큰 이유다. 경직된 위계질서 등 남성 중심의 조직문화도 여성 롤모델의 부족을 불러왔다. 상황이 이렇다 보니 본보기가 될 여성 롤모델이나 멘토를 찾는 것은 더욱 힘들어졌다.

여성을 잘 이해해주는 여성 롤모델과 멘토가 필요하지만 현실이 그렇지 않다면 어떻게 해야 할까? 우선 '여성'의 틀에서 벗어나야 한다. 온누리약국 체인 창립자이자 녹차종합테마파크 다희연을 이끌고 있는 박영순 회장은 "나의 롤모델은 세종대왕과 비스마르크, 정주영 명예회장이다"라며 "꼭 여성을 롤모델로 삼아야겠다고 한정지을 필요는 없다. 여성 롤모델이 없다면 다른 롤모델을 찾아야 목표를 이룰 수 있지 않겠는가"라고 말했다. 가뜩이나 부족한 여성 롤모델 풀에서 여성만을 고집한다면 '최초 여성'은 탄생할 수 없다. 이는 선배 여성 리더들이 이미 숱하게 범해온 실수이기도 하다. 영상처리분석기업 지아이소프트를 창업한 윤미옥 대표도 "아승사 재직 중 승진을 앞두고 해외로 나갈 기회가 있었는데 당시만 해도 해외로 나가는 여성이 거의 없었다"라면서 "망설이다가 한국에 머무르는 걸 택했다. 그때 해외로 나갔다면 내 인생이 어떻게 바뀌었을까, 생각을 한다"라며 롤모델에 대한 시각을 넓힐 것을 당부했다. 선배들의 조언처럼 롤모델과 멘토에 대한 시각을 넓혀 '최초의 여성'으로 성장한다면 바로 당신이 후배 여성의 훌륭한 롤모델이 될 수 있다.

둘째, 롤모델과 멘토를 자신의 꿈, 목표와 같은 분야로 한정할 필요도 없다. 스티브 잡스의 롤모델만 하더라도 영국 밴드 '비틀스'였다. 그는 반전·반제도권 정신을 표현한 비틀스 가사에 심취했고 이런 경험으로 평범하고 뻔한 것이 아닌 혁신의 아이콘이 될 수 있었다. 여백과 실용을 강조한 아이폰과 아이패드 등 애플이 출시한 상품을 보면 비틀스에서 영향을 받은 미니멀리즘의 흔적이 있다. 엔지니어인 스티브 워즈니악과 함께 애플을 창업한 이후 팀 플레이를 강조한 것도 4명이 한 팀으로 플레이를 한 비틀스의 영향과 무관하지 않다.

셋째, 스스로 롤모델과 멘토가 될 필요도 있다. 우리는 보통 외부에서 롤모델이나 멘토를 찾는다. 하지만 그들도 신이 아니다. 어떤 부분에서 보면 우리를 실망시키는 행동을 하게 된다. 그러면 또 다른 롤모델과 멘토를 찾아야 하는지, 혼란을 겪게 된다. 이때 나 자신에 대한 믿음과 확신만 있다면 롤모델과 멘토의 실망스런 행동에도 흔들리지 않고 목표를 향해 정진해갈 수 있다. 스스로 롤모델이 된 사람은 다른 사람의 눈에도 열정적으로 보인다. 당신 스스로가 롤모델이 돼라.

여성 리더가 되기 위해 어떤 롤모델과 멘토를 구해야 할 것인가, 하는 물음은 결국 세 가지로 요약된다.

1. 롤모델 '여성'의 틀에서 벗어나자.
2. 롤모델 시각을 넓혀라. 내 목표 분야의 최고가 아니어도 된다.
3. 나의 롤모델, 스스로가 되어보자.

훌륭한 롤모델과 멘토를 통해 다시 우리들의 롤모델로 성장한 여성 CEO들이 있다. 홍의숙 인코칭 대표는 큰 그림을 그린 후 세부 계획을 명확하게 세우는 박성수 이랜드그룹 회장처럼 개발도상국 대통령의 코치가 되겠다는 꿈을 갖고 지식산업을 수출하고 있다. 이길순 에어비타 대표는 롤모델인 애니타 로딕 바디숍 창업주의 경영철학은 물론 인생의 후반을 사회적 책임과 명성으로 채운 점까지 본받겠다며 사회공헌에 눈을 돌리고 있다. 부모님을 롤모델로 삼은 김금자 롤팩 대표는 24시간을 철저히 쪼개 생활하던 부모님의 성실함을 최고의 자산으로 삼고 있다.

롤모델은 인재를 만든다. 그 인재는 다시 롤모델로 성장한다. 이들이 주는 메시지를 교훈 삼아 제2의, 제3의 여성 모델로 성장한 당신의 모습을 그려보자.

김금자

신뢰와 믿음의
승부사로 거듭나라

"위기를 버티기 위해서는 열정과 지구력 외에도 정확한 목표가 필요해요. 가장 쉬운 방법은 꿈과 목표를 매일 습관화하는 거예요. 저는 세계 1위인 김연아 선수의 사진을 화장대에 붙여놓고 매일 각오를 다졌어요. 어릴 적 부모님께서 제게 해주신 말씀도 매일 떠올렸고요."

28년차 CEO인 김금자(50세) 롤팩 대표가 힘들고 지칠 때마다 생생하게 떠올리는 순간이 있다. 벌써 35년여 전의 일이다.

그날은 금방이라도 비가 쏟아질 것 같았다. 학생이었던 그는 밭으로 나가려는 아버지를 말렸다. "비가 올 것 같아요. 가지 마세요." 하지만 아버지는 묵묵히 옷을 입고 신발을 신었다. 현관에 선 아버지는 그에게 말했다. "금자야. 게으른 사람은 어두운 하늘 하나만 보고 나서 일 나갈 준비조차 하지 않는단다. 하늘이 어둡더라도 금방 갤 수도 있는 것이고, 목적지에 도착해 비가 온다면 그때 다시 되돌아와도 늦지 않아. 하나만 보고 판단해 아무것도 하지 않는다면 평생을 게으르게 살 수밖에 없다."

김 대표는 "내 평생을 아버지처럼 성실하게 살아야겠다고 결심한 순간이었다"라고 당시를 돌이킨다. 돌아가신 아버지, 그리고 어머니는 그의 영원한 롤모델이다.

　결혼과 함께 전업주부가 된 또래 친구들과 달리, 김 대표는 1986년 결혼 직후부터 비즈니스 전쟁터에 뛰어들었다. 처음에는 지하 1층에 작은 사무실을 마련해 남편과 함께 아이스크림, 컵라면 등에 사용되는 포장지 사업을 시작했다. 공동 대표이사였던 그는 갓 태어난 딸아이를 사과상자 안에 넣어둔 채 낮밤을 가리지 않고 일했다. 한 푼이 아쉬워, 직원들을 다 퇴근시키고도 혼자 밤까지 일하곤 했던 시절이다.

　"어느 날 해외업체로부터 진공포장기 하청 요청이 들어왔어요. 하다 보니 '내가 제대로 만들어봐야겠다' 하는 욕심이 생기더군요. 수십억 원을 연구개발에 투자했죠. 이제는 전 세계 진공포장기 분야에서는 우리가 최고입니다." 그의 표정에는 자신감이 넘쳤다.

　김 대표가 최고경영자로 일하고 있는 롤팩은 2002년 문을 열었다. 매출의 90%가 수출이며, 세계 최대 규모의 가정용 진공포장기 업체인 푸드세이버가 완제품을 가져다 쓰고 있다. 특히 두께 0.075mm에 7겹 구조로 압착된 진공포장 필름은 롤팩이 자랑하는 대표 기술. 진공 포장으로 보관된 음식은 고춧가루, 건어물 등의 경우 2년까지 최초 상태 그대로 보관이 가능하다.

　"중소기업이지만 전 세계 그 어느 기업에도 없는 기술을 우리가 확보하고 있다는 자부심을 갖고 있어요. 이 분야에서는 우리가 가장 앞서 있기 때문에, 시설도 기술도 우리가 가시덤불을 헤쳐나가고 있습니다. 남들이 가지 않는 길을 만들고 시장을 선도하고 있습니다."

3남2녀 중 둘째인 그는 옷가게와 쌀가게를 하는 부모님 밑에서 태어났다. 새벽부터 일어나 논밭을 일구고 장사하는 부모님을 돕다 보니 저절로 성실함이 몸에 뱄다. 쉽게 주눅 들지 않는 당찬 성격에다 셈에도 밝아 주변에서는 "아들로 태어났어야 했다"라며 입을 모으곤 했다. 부모님을 위해 성공하겠다는 야망을 가진 그는 결혼 전 일찌감치 운전면허증도 땄다. 여성이 차를 산다는 것 자체가 이상하게 여겨지던 시절이었다. 김 대표는 "사업을 해서 더 큰 세상을 바라보고 싶었다. 내 꿈을 위해 면허증을 따두면 기회가 더 넓어지는 것이라 생각해 준비한 것"이라고 말했다.

김 대표는 제품이 팔리지 않을지언정, 남들보다 먼저 시장을 예측하고 새로운 제품을 만들어낼 때면 짜릿한 성취감을 느낀다. 내로라하는 해외업체들이 다 실패한 일을 해냈을 때도 마찬가지였다. 지속적으로 연구개발에 투자하는 이유도 그 때문이다. 가격경쟁력을 앞세운 중국 기업들이 우르르 진공포장 필름을 개발했을 때는 잠시 수출이 급감하기도 했다.

김 대표는 "중국이 한국의 기술을 많이 따라잡았다"며 "이럴 때일수록 우리의 강점을 더 살려야 한다. 납기, 스피드, 신제품 개발이 해답"이라고 말했다. 그는 "정부는 고용을 늘리라고 하지만 무작정 인원 수를 늘려서는 중국의 가격경쟁력을 못 따라간다"라며 "10명이 하는 일을 우리는 1명이 해내야 한다"라고 강조했다.

"사람에 대한 고민을 가장 많이 해요. 각 분야에서 전문성을 갖추고 있으면서도 우리 형편에 맞는 인력이 필요하거든요. 그 인력을 통해 부족한 2%를 채워야 합니다. 그게 늘 고민이에요."

28년차 CEO인 김 대표는 신뢰와 믿음을 가장 중요한 덕목으로 꼽는다. "가정도, 사업도 신뢰가 없으면 다 깨진다"라는 게 그의 지론이다. 10여 년 전의 일이다. 해외기업에 납품하는 과정에서 당초 계약했던 5겹 필름의 수량이 부족한 상황에 처했다. 부랴부랴 수소문한 끝에 7겹 필름을 구해 납품할 수 있었다. 7겹 필름이 더 비쌌지만, 추가 비용은 받지 않기로 했다. 그러나 상대 기업은 계약을 취소했다. "우리와 그 문제에 대해 상의하지 않았다. 신뢰가 깨졌다"라는 이유였다. "저렴한 비용에 더 좋은 제품을 납품했으니 기뻐할 것으로 생각하던 우리와는 접근하는 마인드 자체가 달랐어요. 신뢰가 얼마나 중요한지 뼈저리게 느꼈죠. 그 이후에는 어떤 상황이라도 신뢰, 믿음을 최우선 순위로 두고 판단하고 있어요."

김 대표는 특별한 취미가 없다. 스트레스 푸는 방법조차 모르고 일만 했기 때문이다. 하지만 지쳤을 때마다 그가 다시 일어설 수 있었던 이유는 늘 꿈을 잊지 않았기 때문이다. 김 대표는 "사업을 시작한다고 일확천금이 떨어지는 것이 아니다"라며 "지구력, 열정, 정확한 목표가 필요하다"라고 말했다. 이를 위해선 "꿈과 목표를 매일 습관화해야 한다"라고 강조했다.

그는 위기가 닥쳐도 주변에 하소연하거나 불평하지 않았다. 그

대신 자신에게 동기를 부여할 수 있는 일을 만들었다. 타고난 재능과 끊임없는 노력으로 세계 1위의 자리를 지키고 있는 김연아 선수의 사진을 오려 화장대에 붙였다. 책이나 기사에서 읽은 좋은 글귀도 나란히 붙였다. 좀 길다 싶은 글에는 노란 형광펜으로 주요 내용을 표시해 바쁠 때는 그 부분만이라도 읽곤 했다.

꿈과 목표를 매일 되새기곤 하는 그에게는 주변의 모든 것이 곧 멘토이자 동기가 됐다. "기업인들에게는 끊임없는 동기 부여가 필수예요. 해외 출장을 갔다가 삼성, 현대차와 같은 대기업 간판을 보면 그것도 자극이 되고 동기부여가 됩니다. 김연아 선수가 세계무대에서 활약하고 싸이의 노래가 인기를 얻는 것을 보면 나도 더 열심히 해야겠다는 생각이 들고요."

김 대표는 2013년 11월 2~8일 박근혜대통령의 유럽순방 경제사절단에 동행했다. 중소기업 대표인 그가 경제사절단에 이름을 올린 것은 처음이다. 그는 "경영에 대한 자부심이 생기고, 힘이 난다"라고 각오를 다졌다.

그는 늘 자신의 롤모델로 아버지와 어머니를 꼽는다. 24시간을 철저히 쪼개 생활하던 부모님의 성실함은 그에게 최고의 자산이 됐다.

"제 기억에 아버지는 늘 뭔가를 하고 계셨어요. 제가 '아버지 뭐 하세요?'라고 여쭤보면 5개년 계획을 보여주곤 하셨죠. 구체적인 실천계획까지 다 세워서 시간을 낭비하지 않으셨는데, 그게 얼마나 어려운 일인지 저도 사업을 시작하고야 뼈저리게 느꼈어요."

늘 부모님처럼 살고자 했던 그는 어느덧 대학생으로 성장한 딸의 롤모델이 됐다. 경영학을 공부하는 딸은 어머니와 같은 경영자를 꿈꾸고 있다. 김 대표는 "내 인생을 뒤돌아보며 아쉬운 건 내 딸에게 좀 더 신경 써주지 못한 것"이라며 여성 직장인으로서 일과 가정의 양립이 어려웠음을 토로했다. 그는 "그래도 딸아이가 엄마의 일하는 부분에 대해 인정을 해주더라. 당당히 일하는 모습을 보여줬다고 말해 기뻤다"라고 귀띔했다.

하지만 김 대표는 "아이가 부모를 필요로 하는 시기에는 엄마, 아빠가 아이의 교육에 집중하고 몰입할 필요가 있다"라고 말했다.

"육아문제를 남편, 시댁, 친정과만 협상하지 마세요. 회사, 더 나아가 정부와도 협상하세요. 각 회사와 정부 또한 마찬가집니다. 큰 꿈을 품은 여성을 적극 지원해야 해요. 우리나라에는 자원이 없어요. 인적자원 딱 하나뿐입니다. 사람이 곧 미래이자 재산이에요. 열심히 공부하고 리더가 되겠다는 여성들은 정부 차원에서 기관을 설립해서라도 집중과 몰입을 할 수 있게 도와야 합니다."

김 대표는 여성 직장인들에게 여성을 부정하지 말고, 한 발 옆 다른 길을 살필 것을 조언했다. 대안이 없는 상태에서 무작정 부딪히면 피투성이가 될 수밖에 없다. 대신 그는 포기하지 말라고 강조했다.

"본인이 절박하면 아이디어는 절로 나오게 마련이죠. 생각의 틀을 벗어나 다른 방향으로 고민해보세요. 동료, 후배, 선배가 문을 열어주기만을 기다리지 마세요. 스스로 바꾸고 성취해나가세요."

김금자 대표는?

▲1962년 충남 태안 출생 ▲한양대학교 경영학과, 경영대학원 석사 졸업 ▲한국산업기술대학교 산업기술대학원 최고경영자과정 이수 ▲1986년 3월 신광포장 설립 및 공동대표 ▲1994년 1월 인트로팩 공동대표 ▲2002년 9월 롤팩 설립 및 대표이사 취임 ▲2003년 은탑산업훈장 ▲2004년 산업자원부장관 표창 ▲2009년 한국을 빛낸 이달의 무역인상 수상 ▲2010년 국무총리 표창 ▲2012년 지식경제부장관 표창 ▲2013년 현재 한국무역협회 사외이사

롤팩은 어떤 기업?

2002년 설립된 롤팩은 진공포장지 분야의 선두 기업이다. 채소ㆍ과일ㆍ생선 등의 음식물을 담아 전용 필름(비닐 봉지)을 끼우고 버튼을 누르기만 하면 내부의 공기가 빠져나가 진공 포장되는 에어채널 필름성형 공법을 세계 최초로 개발했다. 미국, 프랑스 등 20여 나라에 제품을 공급 중이다. 세계 최대 가정용 진공포장기 업체인 푸드세이버도 롤팩의 완제품을 사용한다. 롤팩의 진공포장 필름은 2007년 산업자원부(현 산업자원통상부)가 세계일류상품으로 지정했을 정도로 기술력을 인정받았다. 롤팩은 이 기술을 토대로 액체류를 보관할 때 사용하는 특수필름인 'BIB(Bag In Box)'라는 이중 포장용기를 개발, 코카콜라에 공급 중이다. 가정용 진공포장기와 핸디형 진공포장기 신제품을 출시하고 '푸드키퍼'라는 브랜드로 홈쇼핑 등을 통해 판매하고 있다.

홍의숙

이 시대가 필요로 하는
엄마의 리더십

"우리 엄마는 어려운 상황에서도 행복을 만들 수 있는 분이었죠. 중학교 시절 엄마는 늘, 행복은 네가 있는 자리에서 약간 위를 보며 따라갈 수 있을 만큼 정해 이루어나가는 것이란 이야기를 해주셨어요. 사업을 하다 어려움이 생길 때마다 늘 이 말을 되새기며 엄마처럼 살려고 노력했습니다."

걱정이 다소 앞섰다. 대한민국 경제를 좌지우지하는 기업 CEO의 코치인 홍의숙(56세) 인코칭 대표가 인생의 롤모델로 엄마를 꼽는 순간, 경영 스토리가 아닌 휴먼 스토리로 그치지 않을까, 하는 염려였다. 하지만 기우에 불과했다. 엄마를 닮아 자상하고 다정한 면모를 보이면서도 자신의 경영철학이나 인생관에 대해서는 똑 부러진 원칙을 이야기하는 홍 대표에게 이 시대가 필요로 한다는 '엄마의 리더십'이 이런 것이구나 싶었다. 박근혜 대통령과 메르켈 독일 총리에게 따라붙는 수식어 '엄마의 리더십'과는 다른 진정성이 느껴졌다.

"후배들이 욕심을 부리지 않았으면 좋겠어요. 똑같이 완벽할 순 없으니까요. 어느 시점에선 가정과 육아에 몰두해야 하고, 어느 시점에선 일에 몰두해야 할 때가 있어요. 가정과 조직을 균형 있게 조율하려면 지금 자리에 만족할 줄 알아야 합니다.” ‘욕심을 버리라’는 다소 뻔한 조언도 그래서 더욱 진정성이 느껴진다.

CEO의 코치, 홍 대표의 첫 직업은 고등학교 상업교사였다. 3년간 고등학생들을 가르치면서 어른을 대상으로 하는 교육을 하고 싶다는 생각을 했다. 하지만 그것도 잠시. 결혼 후 육아에 집중하면서 그의 ‘꿈’은 자연스럽게 밀렸다.

“아이들 성격이 결정되는 만 4세 때까지는 엄마의 손길이 필요합니다. 아이들을 직접 제 손으로 키워야겠다 싶어 사회생활을 포기했죠.”

육아에 전념하기 위해서였지만 쉬운 선택일 리 없었다. 하지만 지금도 당시 결정을 후회하지는 않는다. 그는 처음부터 “아이들이 초등학생이 될 무렵에는 사회생활을 하겠다며 10년 후 모습을 노트에 적고 재출발을 다짐했다. 덕분에 육아도 꿈도 모두 성공할 수 있었던 것 같다”라며 활짝 웃었다.

가정이라는 울타리를 벗어나 다시 사회로 나선 것은 1992년. 그의 나이 36세 때다. 육아를 이유로 사직서를 쓸 당시 ‘10년 후 복직하겠다’라는 자신과의 다짐을 실천할 수 있었던 것은 롤모델 엄마의 응원 덕분이었다. 늘 옆에서 격려하는 엄마 덕분에 한번 정한 목표를 과감하게 밀어붙일 수 있었다. 롤모델 엄마는 항상 그에게 전폭적인 신뢰와 지지를 보내줬다.

취업 운도 따랐다. 지인이 시작하는 데일카네기 연구소에 창립 멤버로 참여, 재취업에 어려움을 겪는 다른 여성들보다는 비교적 쉽게 새 출발을 했다. 데일카네기 연구소에서 맡은 일은 기업 임원들과 CEO들을 대상으로 진행하는 리더십 교육이었다. 업계에 유일한 여성 전문 코칭이었던 그에게는 늘 '신뢰할 수 있는 강사' 라는 수식어가 붙어다녔다.

사회로의 재진출을 가능케 했던 이곳에서 그는 두 번째 롤모델도 만났다. 바로 박성수 이랜드그룹 회장이다. "1993년 이랜드 임직원을 대상으로 실시한 리더십 교육에서 박 회장을 처음 만났어요. 큰 그림을 그리고 그에 따른 실천 계획을 명확하게 세우는 모습을 보고 (나도 사업을 하면) 저렇게 해야겠구나 싶었죠."

서울대학교 건축공학과 출신인 박 회장은 1980년 27세 때 이화여자대학교 앞에 6.6㎡(2평)짜리 '잉글런드' 라는 옷가게를 차렸다. 이 잉글런드가 바로 오늘날 재계 50위 이랜드그룹의 모태다. 박 회장은 잉글런드를 성공시킨 후 1983년 중저가 브랜드 '브렌따노' 를 내놨다. 고가 또는 저가 브랜드만 존재하던 당시 중저가 브랜드 브렌따노는 소비자들의 엄청난 반응을 불러일으키며 대성공을 거두었다.

롤모델과의 만남 후 그는 또 다른 도전에 나섰다. 1996년 1월 마흔 살에 다시 한번 공부를 하겠다며 아이 둘을 데리고 미국 유학길에 올랐다. 그는 미국 캔자스 주에 있는 오타와 대학교에서 2년간 비즈니스 커뮤니케이션을 공부한 후 2004년 인코칭을 설립하고 우리만의 코칭 프로그램을 만들어 전수하기 시작했다. 난관도 많았다. 국산 프로그램이라면 무조건 손부터 젓는 고객들이 많았기 때문이다.

"우리나라 공기업 또는 대표되는 기업들이 국내의 것을 무시하고 무조건 해외 컨설팅이나 교육을 받을 때면 정말 화가 났어요. 다른 나라에서는 미국 교육을 제치고 한국의 프로그램을 국내보다 세 배 더 비싼 가격을 들여 교육을 실시하고 있는데 그것도 모르고 무조건 외국 것을 선호하니 말입니다."

그래도 포기하지 않았다. 한국만의 정서를 반영한 '코칭포유 Coaching for You'란 자체 프로그램을 개발해 3000여 명의 기업체 CEO와 임원들의 리더십을 코칭했다. 코칭포유는 인코칭이 코칭의 원리와 기법을 쉽고 명쾌하게 배울 수 있도록 자체 개발한 핵심 프로그램이다. 코칭포유에 대한 입소문이 나면서 인코칭도 조금씩 성장했다. 5000만 원으로 창업, 초창기 3억 원대의 매출을 올리던 회사는 2013년 20억 원대의 매출을 기록 중이다.

홍 대표는 요즘 인코칭의 10년 후 모습을 다시 그리고 있다. 코칭 프로그램의 해외 수출을 통해 기업 규모를 100억 원대로 키우겠다는 게 그의 꿈이다. 최종 목표 달성을 위해 앞으로 10년 동안 인코칭이 해야 할 일, 진출할 나라, 개발할 프로그램 등을 꼼꼼히 계획 중이다. 그의 롤모델 박 회장이 큰 그림 아래 명확한 실천계획을 세웠던 것처럼 말이다.

출발은 나쁘지 않다. 2013년 6월 인코칭은 말레이시아 정부 산하기관인 첨단기술진흥원MIGHT에 한국 리더십 코칭 기법을 국내 최초로 수출했다. 같은 해 9월에는 중국을 방문했고 10월에는 말레이시아와 사우디아라비아를 찾았다. 최대 20개국에 '한국식 리더십'을 수출하겠다는 게 홍 대표의 꿈이다.

"우리나라의 지식산업이 해외로 나가서 확실하게 인정을 받고 우리의 국격이 높아지길 바라며 살고 있어요. 말레이시아를 넘어 동남아시아, 나아가 세계 리더들의 창조적이고 지속 가능한 성장을 위해 코칭 콘텐츠를 나누고 지식산업의 한류를 이끌기 위해 멈추지 않고 나아가겠습니다. 개발도상국 대통령의 코치를 꿈꾸는 것도 이 같은 이유에서죠."

홍 대표는 '엄마 리더십'을 통해 여성성을 강조하지만 여성에 대한 비판에도 서슴없었다. 그는 사회생활을 하고 있는 여성들이 남성과의 차이를 인정하지 않으면서도 불리할 경우 남녀를 구분하려는 성향이 있다고 꼬집었다.

"여성이 대통령을 하고 있다고 무조건 여성을 위한 정책을 펼치고 여성이 대접받아야 한다고 생각하는 것은 오버입니다. 당장 여성 인력 풀이 없는데 임원, 고위층에 여성 비율이 낮다고 비판만 해선 안 되죠. 그리고 모두 잘할 순 없어요. 나보다 똑똑한 조직원은 인정해야죠. 무조건 앞서가는 것보다 섬김의 리더십도 필요합니다. 냉정할 필요가 있어요."

일과 가정 모두 성공하고 싶다면 대인배가 되어야 한다는 게 홍 대표의 충고다. 그는 2013년 CJ그룹의 여성 리더를 대상으로 실시한 교육에서도 무조건 리더, 최고가 돼야겠다는 생각보다는 지금 자리에서 사람들을 섬기는 리더십을 발휘할 것을 조언했다.

예비 창업자를 위한 조언도 아끼지 않았다. 홍 대표는 "자기 자신이 얼마나 이 일을 위한 준비가 됐는지 점검해야 한다"라면서 "자신의 능력은 물론 시장전망 등을 세세하게 점검한 후 몇 년 동안 올인하겠다는 목표를 세우고 창업시장에 뛰어들어야 한다"라고 강조했다.

문득 궁금했다. 어떤 롤모델이 되고 싶은지. "1993년 박 회장과 처음 만난 후 2003년 이랜드를 다시 방문한 날, 내 눈이 정확했다고 느꼈습니다. 지금 이랜드를 봐도 그렇고요. 박 회장처럼 신뢰를 저버리지 않는 롤모델이라는 평가를 받고 싶어요. 특히 지식산업의 창업을 꿈꾸는 후배들에게 국내가 아닌 해외에서 성공한 선배이자, 새로운 길을 만든 롤모델로 남고 싶어요."

▲1957년 서울 출생 ▲1997년 미국 오타와 대학교 비즈니스 커뮤니케이션 졸업 ▲2004년 인코칭 창업 ▲2009년 숭실대학교 대학원 졸업(경영학 박사) ▲2013년 현재 한국여성벤처협회 이사

인코칭은 어떤 기업?

2004년 설립된 인코칭은 코칭 전문회사다. 외국 프로그램을 기반으로 리더십 교육을 진행하는 다수의 리더십 업체와 달리 심리학자와 경영학자로 구성된 자체 연구개발센터에서 독자적으로 개발한 프로그램으로 코칭을 하는 게 특징이다.

대표 프로그램 '코칭포유(Coaching for You)'는 조직의 CEO, 임원, 핵심 리더뿐 아니라 매니저들로 하여금 21세기 리더십의 필수 요소인 코칭 스킬을 익히고 업무현장에서 코칭 어프로치를 즉시 활용할 수 있도록 기획됐다. 세일즈 매니저 코칭, 임원·그룹 코칭, 코칭 심화 과정으로 구성됐으며 최근 사업주 훈련 및 근로자 고용보험 환급과정으로 인증받았다.

지난 10년간 공기업 등 정부기관은 물론 국내 유수의 대기업과 중소기업까지 인코칭 프로그램으로 조직 내 긍정적인 변화를 이끌어왔다. 2013년 들어서는 말레이시아에 코칭 프로그램을 수출하는 등 해외 수출사업도 강화하고 있다.

홍의숙 대표는 코칭교육 전문가이자 《사장이 직원을 먹여 살릴까 직원이 사장을 먹여 살릴까》《경영 천재가 된 CEO》 등 10권이 넘는 책을 펴낸 저자이기도 하다.

이길순

| 에어비타 대표 |

목숨 걸고 사랑에 빠지면
누구나 성공한다

1976년 영국의 한 가정주부가 생활비를 벌기 위해 작은 화장품 가게를 열었다. 비즈니스 경험이 전혀 없는 젊은 주부였으나 아시아, 아프리카 오지를 돌며 얻은 경험을 토대로 새로운 화장품 시장을 개척하겠다며 나선 도전이었다. 주위에서는 무모한 도전이라는 얘기가 있었지만 37년이 지난 2013년 이 작은 가게는 전 세계에 수천 명의 직원이 함께 참여하는 다국적 기업으로 성장했다. 한 주부의 도전에서 시작된 이 가게가 바로 '더 바디샵the bodyshop'이며 이 가게를 글로벌 기업으로 이끈 주부가 바로 애니타 로딕이다.

이길순(49세) 에어비타 대표도 제2의 애니타 로딕을 꿈꾼다. 그 역시 에어비타 창업 전 직장생활을 한번도 해본 적이 없었다. 그 흔한 아르바이트 경험조차 없었다. 아내로서, 두 아이 엄마로서의 역할에 충실하던, 그저 평범한 주부였다. 가끔 운전하며 스트레스를 푸는 게 전부였다. 하지만 지금의 그는 공기청정기 제조업체 에어비타 대표다. 2000년 10월 1인 창업으로 첫발을 뗀 에어비타는 2013년 독일·중국·러시아 등 전 세계 30개국에 공기청정기를 수출 중이다. 전 세계인이 공기청정기, 하면 자연스럽게 '에어비타’라고 말할 수 있게 하겠다는 게 이 대표의 꿈이다.

　에어비타를 공기청정기의 대명사로 만들겠다는 야심찬 꿈을 꾸고 있는 그녀이지만 사업가로의 변신은 사소한 일로 시작됐다. 빌라 반지하에 살던 한 신혼부부의 아기가 호흡기 질환으로 병원 신세를 지는 모습이 안타까워 공기청정기를 사주려고 마음먹었던 게 시작점이었다. 당시 그녀는 아기를 위해 공기청정기를 한 대 사주려 했으나 400만 원이 넘는 가격이 부담스러워 포기하고 말았다. 그런 일이 있고 나서 얼마 후 일본에 사는 지인을 방문한 이 대표의 눈에 유독 띄는 가전제품이 있었다. 바로 주전자만한 크기의 공기청정기였다.

　“저 크기에, 저 가격이라면 누구나 부담 없이 쓸 수 있겠구나 싶었어요. 당장 소형 공기청정기 사업을 시작해야겠다는 생각에 돌아오는 비행기에서 얼마나 가슴이 뛰던지…. 정말 설레더군요.”

　마음을 먹자 사업은 일사천리로 진행됐다. 일본계 가전기업 연구원 출신 기술이사에게 한 손에 들 수 있는 작은 공기청정기 개발을 의뢰했다. 사업자금을 마련하기 위해 아파트도 처분했다. 하지만 주변 반응은 시큰둥했다. ‘그러다 말겠지’라며 퉁명스럽게 봤다. 그럴수록 이 대표는 오기가 생겼다. 그가 롤모델로 삼은 애니타 로딕을 떠올리며 마음을 다잡았다.

　“애니타 로딕은 자신만의 확고한 의지를 바탕으로 새로운 화장품 시장을 열었어요. 당시만 하더라도 과대포장과 과대광고가 화장품 시장의 관행이었지만, 그는 천연원료를 사용한 친환경 화장품을 고객이 필요한 만큼 덜어서 파는 리필 방식으로 선보이며 새로운 시장을 만들었죠. 저 역시 새로운 공기청정기 시장을 개척할 수 있을 것으로 믿었어요."

오기 끝에 제품을 개발했다. 백열전구용 소켓과 공기청정기를 결합한 첫 제품 네오골드는 공기청정기 본연의 역할은 물론, 조명으로도 활용이 가능한 그야말로 아이디어 제품이었다. 제품 개발을 끝낸 상황에서 에어비타를 설립했으니 성공할 것으로 굳게 자신했다.

하지만 시장은 냉혹했다. 홈쇼핑과 대형마트 등 생각할 수 있는 모든 유통 채널을 찾아갔지만 수없이 거절당했다. 우여곡절 끝에 방문판매 회사에서 1000개를 수주했지만 마지막 계약 직전 실패했다. 경쟁업체에서 기술도 없는 회사의 제품이라고 모함(?)한 게 이유였다. 설상가상 3일 후 어음을 결제하지 않으면 부도가 날 수 있는 상황이었다.

"계약을 파기하자는 말을 듣고 나오는 길에 우박 같은 눈물을 쉼없이 흘렸어요. 5층에서 걸어 내려와 회사로 돌아오는 내내 눈물이 그치지 않더군요. 회사 건물에 도착해서도 사무실에 못 들어가고 11층 옥상에서 대성통곡했죠." 이 대표는 지금도 그날을 생각하면서 "정말 아찔했다"라며 고개를 젓는다.

그래도 포기하지 않았다. 국내가 안 되면 해외에서 승부하겠다며 눈을 돌렸다. 독일·미국·일본 등 해외 선진국에서 관련 인증을 받고 조금씩 물량을 늘렸다. 다행히 국내보다 반응이 좋았다. 퀀텀 점프quantum jump의 계기는 2005년이었다. 이탈리아 제네바에서 열린 국제발명전시회에서 금상을 받자 기술력에 대한 의문이 사그라졌다.

2006년 독일 QVC 홈쇼핑에서 한 번에 1만 6000개의 물량을 발주받기도 했다. 찬밥 신세였던 한국에서도 점차 관심을 보이기 시작했다.

"저는 108번 실패한 사람이라고 얘기합니다. 정말 108번 더 실패했어요. 그럴 때마다 실패하면 다시 시작이라고 생각하며 최선을 다했죠. 오늘 최선을 다해야 내일이 있잖아요."

2013년에는 또 한번 사고를 칠 생각이다. 목표로 삼았던 매출액 100억 원을 훌쩍 뛰어넘는 150억 원 달성도 가능하다는 판단에서다. 2013년 5월까지 이미 50억 원의 매출을 기록, 2012년 매출액(38억 원)을 뛰어넘었다. 하반기 에어워셔 신제품을 출시해 국내 시장을 확장하고 러시아와 중국에 대한 수출 물량을 추가하면 가능하다고 자신한다.

이 대표는 2014년에는 300억 원, 2015년에는 500억 원의 매출을 목표로 하고 있다. 그는 공기청정기를 겸비한 제품도 출시할 계획이다. 그 제품이 무엇이냐는 질문에는 "아이디어 제품인데 비밀이다"라며 "특허신청을 했고 2014년쯤 나올 것 같다"라며 살짝 웃었다.

"'열정'이라는 한 단어가 떠오르는 인물로 보이고 싶습니다. 돌이켜 생각해보면 무모하다고 여겨지는 일들을 '열정' 하나만 가지고 부딪혀보곤 했었습니다. 물론 쓰라린 실패의 경험도 달콤한 성공의 경험도 있지만, 이 모든 것이 오늘날 에어비타의 밑거름이 됐습니다. 에어비타를 공기청정기 시장을 넘어선 생활가전 시장의 선두 브랜드 기업으로 만들 겁니다."

이렇게 공기청정기만을 생각하며 달려온 지 13년이 지났다. 딸은 어느덧 직장인이 됐다. 아들은 군 제대 후 공부 중이다. 옆에서 이것저것 꼼꼼히 챙겨주는 엄마 역할을 제대로 못했지만 후회하지는 않는다.

이 대표는 아이들을 직접 챙겨주지는 못했지만 '하늘보다 땅보다 우주보다 더 사랑한다'는 얘기를 하루에도 열 번씩은 하면서 살아왔다. 그가 해주는 말은 아이들이 잘 자라날 수 있는 에너지가 됐다. 그는 요즘도 오전 9시 회의 전 홍콩에서 직장생활 중인 딸에게 전화를 걸어 사랑한다는 말을 꼭 전한다.

"사업 초기 힘들 때 자녀를 보면서 버텼습니다. 포기하고 싶을 때 아이들과 통화하면서 포기하면 안 되겠구나 생각했어요. 포기하지 않고 항상 도전하는 엄마의 모습에 아이들도 영향을 받은 것 같아요."

사업가의 엄마 옆에서 때로는 내가 좋으냐, 에어비타가 좋으냐며 투정을 부리던 자녀는 이제 같은 CEO의 꿈을 꾸고 있다. 이 대표는 "홍콩에서 직장생활을 하는 딸도 창업할 것 같다"라며 "여러 분야에 관심이 많아 어떤 사업을 할진 아직 모르겠다"면서 미소를 지었다.

이 대표의 딸처럼 창업을 꿈꾸는 이들에게 조언을 부탁했다. 그는 대뜸 사랑에 빠질 것을 주문했다. 특별하지 않은 그가 지금 이 자리에 설 수 있었던 것은 오로지 사랑 덕분이었다. 일할 때는 물론 잠을 자기 직전에도 에어비타만 생각했다. 미치도록 사랑한 결과 오늘날의 에어비타가 탄생한 것이다.

그는 "사랑하는 상대방이 아프다고 버릴 수 있느냐, 모자란다고 무시할 수 있느냐"라면서 "아프면 간호하고 모자라면 채워주는 게 사랑이듯 사업 역시 그렇게 하면 된다"라고 조언했다. 그러면서 "특별한 누군가가 성공하는 것이 아니라 사랑에 빠진 평범한 사람이 성공하는 것"이라며 "덜 사랑하면 망하고 목숨 걸고 사랑하면 모두 성공한다"고 강조했다.

이 대표가 신제품이라며 자랑스럽게 내민 달팽이 모양을 본뜬 '뉴S-에어비타'에는 그의 고백이 담겨 있었다. 마치 뜨거운 사랑 고백을 받는 듯한 느낌이었다.

▲1964년 경북 영주 출생 ▲2006년 한국항공대학교 법학과 졸업 ▲2000년 10월 에어비타 개인 설립 ▲2003년 에어비타 법인 설립 ▲2005~2006년 고양시기업인협의회 감사 ▲2005년 한국여성발명협회 이사 ▲2013년 현재 에어비타 대표이사 겸 한국여성벤처협회 이사, 한국벤처협회 이사

에어비타는 어떤 기업?

지난 2003년 10월 법인으로 설립된 에어비타는 소형 공기청정기 전문 기업이다. 2012년 38억 원의 매출을 기록했고 2013년에는 295% 성장한 150억 원의 매출을 목표로 하고 있다. 미국, 일본, 중국, 유럽, 인도네시아, 브라질 등 전 세계 30개국에 제품을 수출 중이다. 2012년 매출액 중 수출이 차지한 비중은 30%에 달한다. 소형 공기청정기로는 세계 1위다.

수상 경력도 화려하다. 2005년과 2008년 제네바 국제발명전시회에서 금상과 디자인부문 특별상을 수상한 것을 비롯해, 2008년에는 대통령상과 세계지적재산권협회 기업인상도 받았다.

대표 제품은 '에스에어비타' 다. 청정 지역에서만 사는 달팽이 형상을 본떠 만든 에스에어비타는 음이온을 방출해 공기 중에 떠다니는 각종 바이러스를 제거하는 게 특징이다. 필터를 교체할 필요 없이 한 달에 한 번 공기정화부를 물로 씻어내면 돼 유지비도 저렴하다. 전기요금은 한 달에 100원 안팎에 불과하다. 가격은 10만 원대 초반이다.

6cm

야성

끊임없는
도전과 열정

박혜린 옴니시스템 회장 / **이도희** 디지캡 대표 / **이은정** 한국맥널티 대표

"적극적으로 의견을 내는 여성을 한국에서는 '나댄다'고 한다죠? 여러분은 앞으로 자신감이 넘치는 소녀를 만났을 때 절대로 '나댄다'라는 표현을 쓰지 말고, '잘한다', '지도력이 있다'라고 자신감을 칭찬해주세요."

셰릴 샌드버그가 최근 실시한 강연에서 한국의 젊은이들에게 강조한 말이다. '여성의 일과 삶'을 주제로 열린 강연이었는데, 셰릴 샌드버그의 '나댄다'는 표현이 단연 화제가 됐다. 단순히 셰릴 샌드버그가 정확한 한국어 발음으로 말을 해서가 아니다. 가려운 곳을 긁어줬다는 통쾌함 덕분에 객석에서는 많은 박수갈채가 쏟아져 나왔다.

셰릴 샌드버그의 말대로 '잘난 여성'은 모난 돌 취급을 받기 쉬운 게 현실이다. 나댄다는 낙인이 찍힐 각오도 해야 한다. 같은 행동을 해도 남성보다는 여성에게 집중포화가 쏟아진다. 넘치는 자신감으로 팀을 이끌고 자기 주장을 잘하는 여성은 공격적이라거나 강한 캐릭터라는 평가를 받는다. 여성에게 가혹하리만치 가해지는 이중잣대다. '유리천장' 으로 대변되는 사회적·제도적인 장애물만을 문제 삼는 것은 아니다. 여성 스스로 내재화된 '두려움' 이라는 실패 인자 이야기다.

몇 년 전 셰릴 샌드버그는 페이스북에서 티머시 가이트너 미국 재무장관과 실리콘밸리의 기업 중역 15명을 초대했다고 한다. 이때 가이트너 장관과 함께 참석한 4명의 여성 보좌관들은 회의용 테이블이 아니라 회의실 옆에 놓인 의자에 앉았다. 셰릴 샌드버그는 그들이 마음 편히 자리를 옮길 수 있도록 손짓을 했으나 결국 그 자리를 지켰다. 당당하게 회의 테이블에 앉지 않고 구석에 자리 잡는 바람에 그들은 회의 참석자가 아니라 구경꾼처럼 보일 수밖에 없었다.

당당하게 테이블에 앉을 권리를 여성 스스로 포기한 것이었다. 이들은 왜 이런 행동을 했을까. 잘 생각해보면 자신감과 나댐은 한 끗 차이다. 다만 그 경계를 누가 긋느냐에 따라 확연히 다른 결과를 부른다. 여성은 둘 사이의 경계를 내가 아닌 타자가 긋는다고 지나치게 의식한다. '내가 과연 잘할 수 있을까', '남들이 뭐라고 생각할까' 하는 끝없는 두려움에 스스로 움츠러들고 자신감을 점점 잃게 된다.

〈허핑턴 포스트〉 설립자인 아리아나 허핑턴은 여성들은 일을 잘 하면서도 대인관계를 잘 유지하고, 여전히 '여자다운' 모습을 보여줘야 한다는 모순된 두려움을 느낀다고 생각했다. 이때 여자다운 모습은 야망과는 거리가 멀다는 의미다. 그리고 이런 두려움은 어릴 때부터 내면화된다. 메리 파이어가 펴낸《내 딸이 여자가 될 때》를 보면, 여자아이는 남자아이만큼 야심찬 인생을 시작하지만, 성 역할에 대한 자의식이 생성되는 사춘기에 그 열기가 서서히 식는다. 결국 야망 있는 여성은 여자답지 못하다는 메시지를 머리에 새기게 된다. 자신이 남들에게 어떻게 보일지에 온 신경을 쏟다 보면 해를 입는 건 본인 스스로다.

여성으로서 CNN의 선임 부사장에 오른 게일 에번스도 여느 여성들과 마찬가지로 같은 고민을 했다. 회의에서 거리낌 없이 의사를 밝히기가 두려웠다고 한다. 에번스는 허핑턴을 만난 자리에서 이렇게 이야기했다. "높은 자리에 올랐으니 아무 말이나 편안하게 할 수 있으리라고 생각하겠지만, 나는 끊임없이 자신을 검열합니다. 그래서 남자들이 늘 선수를 치죠."

IBM 최초의 여성 CEO인 버지니아 로메티가 2011년 〈포천〉이 주최한 '파워 위민 서밋Power Women Summit'에서 실시한 연설에서 "여성들이 스스로 벽을 허물고 도전정신을 가져야 한다"라고 일갈한 것도 같은 맥락이다. 그는 사회 초년생 시절 큰 프로젝트 수행을 꺼렸다고 고백한다. '내가 과연 잘해낼 수 있을까?'라는 두려움에 기회를 눈앞에 두고 고민을 한 것이다. 하지만 "남자라면 기회를 잡았을 것"이라는 남편의 충고를 듣고는 스스로 자신감을 가져야 한다는 교훈을 얻었다고 했다.

「맥킨지 보고서」(2010년)에 따르면 여성 CEO 중 38%가 여성 스스로 승진을 주저하는 성향 때문에 여성 리더가 덜 배출된다고 답했다. 스스로 한계를 정하고 현실에 안주하면, 새로운 도전도 비전도 없다.

어떻게 하면 여성이 스스로 당당하게 걸어나와 테이블에 앉을 수 있을까? 여성 리더가 소수가 아닌 평범한 현상이 되면 현실이 조금 달라질까? 그렇다면 여성 리더가 '흔한' 임계점은 얼마나 될까?

우리나라의 경우 대학 졸업생의 58%가 여성일 정도로 많은 여성들이 사회 각 분야로 활발히 진출하고 있다. 고용노동부가 5인 이상 사업체를 대상으로 조사한 통계를 보면, 2000년 전체 대졸 이상 임직원의 19% 수준이던 여성 인력 비중은 2006년 24%까지 뛰었다. 그런데 이른바 '유리천장'을 뚫고 올라온 여성 비율은 한 자릿수를 벗어나지 못한다. 굳이 여성임원으로 한정하지 않고 과장급 이상 중상위 직급으로 넓혀봐도 여성 비율은 8%에 불과했다.

이는 여성 직장인들이 유리천장의 현실을 느끼는 주요 원인이 된다. 취업 포털 사람인이 여성 직장인 326명을 대상으로 조사한 결과(2013년), 절반이 "회사에 유리천장이 있다"라고 답했다. 이유를 들어보니 '여성 고위직 상사의 비율이 적다'(32.5%, 복수응답)가 '남성 중심의 조직문화'(38.1%)에 이어 두 번째로 꼽혔다.

참으로 아이러니한 상황이다. 어느 회사든 신입사원을 뽑다 보면 여성들의 실력이 월등히 좋다고 입을 모은다. "성적 순으로 자르면 남성들은 명함도 못 내밀고 한 명도 없다" 하는 우스갯소리가 나올 정도다. 그런데 신입사원이라는 동일한 선상에서 출발했는데도 시간이 흘러 높은 직급에 올라가는 여성 비율은 뚝 떨어진다.

실제로 여성 리더가 되는 길은 험난하다. 먼저 길을 닦아놓은 '선배 리더'가 많지 않으니 가는 길에 돌부리에 걸려 넘어지거나 나뭇가지에 얼굴이 긁힐 수도 있다. 행여나 다칠까 지레 겁먹지 말고 '내가 이 길을 뚫어보리라' 하는 마음가짐이 필요하다. 그래야 비록 성공하지 못했더라도 뒤따라올 후배에게 짧으나마 길을 제시할 수 있다.

"하다가 안 되면 집에 들어앉아야지"라고 농담 삼아 하는 말도 금물이다. 일에서 성공하고 싶다면 마음을 단단히 먹어야 한다. 고리타분한 말이지만 사회는 냉정하고 살벌한 정글로 비유된다. 한 순간에 잘 나가던 기업이 추락할 수도 있고, 벤처가 한 방에 뜰 수도 있는 냉엄한 세계다. 온실 속의 화초는 살아남을 수 없다. 밟혀도 밟혀도 다시 자라나는 잡초처럼 강해지겠다는 각오를 해야 살아남을 수 있다고 하는 것도 그래서다.

그러려면 두려움이 없어야 한다. 마음속에 두려움이 있으면 모처럼 찾아든 소중한 기회를 눈앞에서 날릴 수 있다. 묵묵히 자기가 맡은 일만 열심히 한다고 해서 누가 알아주지 않는다. 여성은 자신의 직무를 충실히, 제대로 하고 있으면 누군가가 알아보고 자기 머리에 왕관을 씌워줄 거라고 기대한다고 여긴다. 일명 '왕관 증후군'이다. 하지만 이는 환상일 뿐이다. 어느 누가 주어진 자리에만 안주하려는 이에게 더 큰 프로젝트를 맡기겠는가. '난 그 일을 해낼 자신이 없어', '나한테는 무리야', '괜히 한다고 했다가 실패하면 어쩌지?' 등의 생각은 접어둔다. 때로는 일단 시작하고 부딪히면서 하나씩 배워나간다는 배짱이 필요하다.

위험을 피해 잠시 몸을 추스르는 것이 필요할 때가 있지만, 기업 환경에서 지나치게 안정을 추구하다 보면 발전이 더딜 수밖에 없다. 버지니아 로메티 IBM CEO는 "위험을 감수하기 시작한 시점부터 배우는 것이 많아졌다"라고 한다. 이처럼 주저하지 않고 첫발을 내딛을 줄도 알아야 한다. 스스로의 한계에 도전하고 자신에게만 주어진 기회를 성공으로 이끈다면 유리천장을 뚫을 확률이 그만큼 높아진다.

칼리 피오리나 전(前) 휴렛팩커드 CEO는 두려움을 효과적으로 이용하라고 말했다. 두렵다고 주저앉거나 회피하지 말고 오히려 당당히 맞서 극복하라고 말이다.

"지금 당신이 겁을 먹고 있다면 이렇게 묻겠습니다. 당신의 두려움을 어떻게 하시겠습니까? 자극제가 되게 하시겠습니까, 아니면 억제제가 되게 하시겠습니까? 답은 자명합니다. 두려움이 당신을 자극하도록 하세요. 당신을 막도록 내버려두지 마세요."

1. 없는 길을 개척한다는 마인드를 가져라.
2. 누군가 알아보고 인정해줄 거라는 헛된 환상을 버려라.
3. 두려움을 자극제로 삼아라.

우리 곁에도 두려움을 자극제 삼아 도전하는 선배들이 여럿 있다. 박혜린 옴니시스템 회장은 여성이라는 성 정체성을 깨고 당당히 남성 CEO와 어깨를 견주고 있다. 박혜린 회장은 평소 청바지에 운동화를 신고 호탕한 목소리로 현장을 진두지휘한다. 신용카드 제조사부터 바이오, 전자계량기 업체 등 남성의 전유물이던 분야에서 10여 개의 회사를 척척 이끌며 도전을 즐긴다. 이도희 디지캡 대표는 "시집이나 가라"는 집안 요구에 열불이 나 창업에 나섰다. 그만큼 도전정신 면에서 둘째가라면 서러울 인물이다. 이 대표는 대학 졸업 후 두산그룹 광고 계열사인 오리콤에서 첫 직장생활을 시작한 이래 여러 회사를 거치며 자신만의 길을 개척해왔다. 최근에는 외산이 점령하던 콘텐츠 보안 솔루션 시장에서 기술력을 무기 삼아 시장을 뚫었다. 끊임없이 문을 두드린 끝에 국내 대기업은 물론이고 해외에서도 디지캡의 콘텐츠 보안 솔루션을 사용하게 만든 것이다.

이은정 한국맥널티 대표는 기업공개IPO라는 도전을 준비 중이다. 현재 우리나라 상장사 가운데 여성 CEO가 차지하는 비중은 1%도 채 안 된다. 이은정 대표는 자신의 도전이 현 상황을 바꾸는 밑절미가 될 수 있다면 시도해볼 만한 가치가 충분하다고 했다. 후배 여성 CEO들이 참고할 수 있는 길을 걷겠다는 다짐에서 출발한 시도다.

그동안 세 대표들이 걸어온 길은 사뭇 다르다. 처음부터 사업에 뛰어들었는가 하면 여러 회사를 거친 후 자신만의 길을 찾기도 했다. 이처럼 출발은 각자 달랐지만 끊임없는 도전과 열정이라는 공통점 덕분에 현재의 위치에 섰다. 이들은 여성 리더를 꿈꾸는 젊은 이들에게 한 목소리로 말한다. "실패할지 모른다는 두려움만 없다면 여자라고 불리한 건 없어요. 넘어지고 깨져도 다시 일어나 문을 두드리세요. 그러면 새로운 길이 보일 겁니다."

박혜린

| 옴니시스템 회장 |

여성이라는 족쇄에서 벗어나야
미래가 보인다

"여기저기서 성공한 여성 CEO라고 불러주는데 왜 앞에 꼭 '여성'을 붙이는지 모르겠어요. 그런 자리에 가면 난 여성, 남성 통틀어 훌륭해서 여기 왔다고 생각한다며 큰소리 빵빵 쳐요. 다른 여성 CEO분들을 위해서 말이죠. 여성들끼리 경쟁하면 뭐해요. 성별 차이 없이 기업 대 기업으로 경쟁해서 앞으로 나아가야죠."

'잔 다르크'에서 '인수합병M&A의 여왕'으로…. 대학 졸업 직전인 1992년 11월 '맨땅에 헤딩하는 기분'으로 사업에 뛰어들었다. 대학 전공과는 어울리지 않는 타이어 수입 판매상이었다. 첫 번째 M&A였다. 그는 이곳에서 직원 10명과 함께 5년 동안 갖은 고생을 하고 현장을 온몸으로 느껴가면서 경영 기초를 닦았다. 20여 년의 세월이 흘러 10여 개의 회사를 거느린 어엿한 M&A 여왕으로 거듭 났다. 아직도 청바지에 운동화를 신고 호탕한 목소리로 현장을 누빈다. 박혜린(44세) 옴니시스템 회장 이야기다. 대학 첫 미팅 때 "잔 다르크 같다"라고 평하던 남학생의 말처럼 '이렇게' 살 거라고 예측한 사람들이 많았다고 한다. 오랜 세월이 걸릴지라도 사업을 하게 될 운명처럼 말이다.

박혜린 회장이 사업의 길로 뛰어든 건 '운명'이었다. 어린 시절 정미소를 하던 아버지를 따라 전국을 돌며 쌀을 사고파는 현장을 봐왔다. 자연스레 쌀 한 가마니를 팔면 얼마가 남는지 셈이 빨랐다. '월급쟁이는 싫다'라는 확고한 꿈도 있었다. 그렇게 대학 졸업 전인 스물셋 나이에 수입 타이어 '굿이어'의 서울지역 총판권을 인수하며 가인상사를 세웠다. 부모님의 도움 없이는 불가능한 일이었지만 '그게 다'였다. 이후의 성과는 고스란히 박 회장 스스로 일군 결과다.

"어릴 적부터 남들이 너무 당연하게 (나를 보고) 장사를 하게 될 거라고 예상했어요. 직원들이 이것저것 열거하면 하나로 집중할 수 있게 하는 통찰력이 있는 걸 보면 사업이 천성 같기도 하네요. 겁나는 것도 없었어요. 여러 회사를 어떻게 거느리냐고 하는데 삼성그룹 같은 규모라면 모를까 아직은 자신 있어요."

10여 개의 회사를 별 탈 없이 이끌어가니 근거 없는 자신감은 아니었다. 박 회장은 현재 5개의 명함을 갖고 있다. 사업의 길로 접어들게 된 가인상사를 시작으로 바이오스마트(신용카드 제조사), 디지털지노믹스(바이오), 옴니시스템(전자계량기), 한생화장품의 명함이 하나씩 늘어났다. 이 밖에 코를로프(고급 보석 유통사), 박 회장 개인 부동산을 관리해주는 회사 등을 더하면 10여 개의 회사를 거느린 엄연한 '그룹사'다.

"회장이라는 호칭이 많이 부담스럽죠. 그런데 '어린 여자가 해

봤자 얼마나 하겠어' 라는 사회 풍토가 여전한 터라 비즈니스상 직함이 중요할 때가 있더라고요. 전략적으로 대외적인 자리에는 정부 수주나 입찰이 많아 '이름값' 의 영향을 받는 옴니시스템의 명함을 가져가죠.”

아무리 리더십이 있어도 하루 24시간이라는 제한된 시간 안에 골고루 돌보기란 불가능할 터. 박 회장은 선택과 집중 전략을 쓴다. 매년 1월 1일이면 그해에 주력해야 할 회사 3곳을 꼽는다고 한다. 이때의 주력회사는 '아픈 손가락' 인 셈. 2013년에는 옴니시스템, 디지털지노믹스, 한생화장품이 명단에 올랐다. 특히 디지털지노믹스에 대한 애정이 남다르다.

“지난 10년 동안 돈을 하나도 못 벌어 눈물을 머금으면서 회사를 운영해왔어요. 다행히 2년 전 사람에서 식품 대상으로 사업 구조를 바꿔 사전식중독검사법을 개발하는 등 성과가 하나둘 나고 있어요.”

박 회장은 'M&A의 여왕' 이라는 별명을 별로 달가워하지 않는다. 우리 사회에서 M&A에 대한 인식이 그리 좋지 않은 까닭이다. 싼값에 회사를 사다 어느 정도 키워놓고 비싼값에 팔고 떠나면 그만이라는 비아냥거림이 한 예다. 때문에 그녀는 “M&A에 대한 재해석이 된다면 좋을 것 같다”라고 했다. 박 회장은 M&A를 '융합' 이라는 좀 더 넓은 개념으로 봤다. 박근혜정부의 화두인 '창조경제' 와도 맞닿아 있다.

"M&A를 사람, 사업부서, 연구개발R&D 등 전 분야에서 일상화된 개념으로 보고 있어요. 사업부서에서 필요할 때마다 해당 기술을 가진 연구인력을 영입하는 것 또한 M&A 아니겠어요?"

이렇게 하면 제품 개발에 드는 시간을 아껴 시장에 빨리 출격할 수 있으니 위험 부담은 그만큼 줄어들게 된다. 최근 식구로 맞이한 피부관리숍 프랜차이즈 '레드클럽'도 한생화장품과의 융합을 생각한 결과였다. 여기에 색조화장품 회사를 추가해 화장품 사업 플랫폼을 완성한다는 계획이다.

"전 경영자도 아니고 기술자도 아니에요. 재무제표도 잘 못 읽죠. 하지만 이것저것 붙여서 융합하는 걸 제일 잘해요. 제 전공인 것 같아요."

박 회장의 M&A 성공 비결은 간단했다. '사람'을 놓치지 않고 관계를 잘 푸는 것. M&A를 일종의 '결혼'으로 보고 자신의 역할을 정확히 했다. 새로운 조직은 아예 건드리지 않았다. 수익을 내지 못하고 오히려 '까먹고' 있어도 그랬다.

"R&D, M&A를 하는 가장 큰 이유는 기술력을 가진 사람 때문인데 사람이 나가면 안 되죠. 새 식구가 된 회사를 정확히 알려면 최소한 2~3년은 걸리는 만큼, 그동안 내가 잘할 수 있는 영업으로 뒷받침해주며 새로운 조직에 융화되려고 하고 있어요."

박 회장은 누가 뭐래도 젊은 나이에 성공한 CEO 반열에 올랐다. 이 자리에 오르기까지 숱한 시련도 있었다. 사업 초기 남성들이 툭

툭 던지는 모욕적인 언사 때문에 사업을 그만둬야 하나 고심했고, 결제대금을 떼어먹고 도망가는 카센터 사장들을 원망하며 울기도 했다. 그러나 그는 이내 툭툭 털고 어려움을 이겨냈다. 호탕한 목소리에서 짐작하듯 긍정적인 에너지로 고비를 넘어왔다. 임원들에게도 항상 긍정적인 사고를 하라고 강조한다고 한다.

"실패는 성공의 어머니라고 하는데 그 말이 정확한 표현이라고 생각해요. 어떤 실패가 와도 기쁜 마음으로 넘겨요. 하루에도 일희일비가 많지만 나쁜 일이 있을 때도 짧게 끝내요. 실패를 받아들이는 방식이 문제니까요. 안 되는 건 빨리 잊어버리고 다른 일에 집중하는 게 효율적이니까요."

사업가에게 실패는 반드시 넘어야 할 산이다. 그러나 이 산을 넘어 현재 박 회장 곁에 있는 여성 CEO는 드물다. 박 회장은 이런 현실에 대해 어떻게 생각할까. "여성이라는 성의 정체성을 깨지 않아서예요." 박 회장의 간단명료한 답이 돌아왔다. 여성이라는 성을 깨고 남성과 똑같은 위치에서 경쟁하며 자신의 장점을 살려야 한다는 이야기다. 또 여성 지원책을 일종의 '독'으로 봤다. 지원을 받는 순간에는 도움이 되겠지만 지원책이 사라진 후의 일도 생각해야 한다는 것이다.

"여성 지원책을 받으면 당시에는 좋지만 장기적으로 지원책이 없으면 끝이죠. 여성기업체가 아니라 남성과 동등한 위치에서 보고 경쟁해야 해요. 심지어 여성은 더 섬세하게 볼 수 있잖아요."

박 회장은 회사 여직원들에게도 '여성이라서'라는 생각을 버리라고 일러준다고 한다. 회사의 일원으로서 마음가짐을 바로 하라는 의미다. 이는 박 회장이 수십 년간 현장에서 몸소 깨달은 생존의 법칙이기도 하다.

"입사 초기에는 여직원들이 남직원들보다 훌륭한데 1~2년 지나면 달라져요. 여자라서, 또는 여자니까 못하겠다고 하는 것들이 늘어나면서죠. 회사에 들어왔다고 끝이 아니라 직장생활 내내 여성의 틀을 계속해서 깨야 성공할 수 있어요."

박혜린 회장은?

▲1969년 경기 여주 출생 ▲1987년 잠실여고 졸업 ▲1991년 서울여자대학교 도서관학과 졸업 ▲1992년 가인상사 설립 ▲2007년 바이오스마트 인수 ▲2008년 디지털지노믹스 인수 ▲2009년 옴니시스템 인수 ▲2009년 한생화장품 인수 ▲2012년 레드클럽 인수 ▲2012년~ 국가경쟁력강화위원회 위원 ▲2012년~ 한국벤처기업협회 부회장

옴니시스템은 어떤 기업?

박혜린 회장은 지난 2008년 스마트 그리드 사업을 하는 옴니시스템을 인수했다. 건설경기가 침체되면서 수요가 줄었지만 향후 발전 가능성을 크게 봤다. 디지털 전력량계 제조업체인 옴니시스템은 시장의 85%를 차지하고 있는 국내 1위 업체다. 국내 최초로 원격 검침 시스템을 구축하는 등 후발업체와의 간격도 크게 벌려놓았다. 또 지속적인 연구개발로 가스, 수도, 온수, 열량계 등 설비 미터도 디지털 방식으로 개발한 계측 분야 선도 업체다. 특히 디지털 전력량계는 기간이 짧지만 도입기를 벗어나 성장기에 접어들었다는 평가다. 각국의 스마트 그리드 사업도 옴니시스템에는 호재다. 스마트 그리드란 에너지 효율을 높여 에너지 낭비와 온실 가스를 줄이기 위한 사업을 말한다. 전력사업과 통신, IT가 결합해 고효율의 지능화된 전력망을 구축한다.

옴니시스템을 인수한 성과는 아직까지 불확실하다. 건설경기 침체와 대기업까지 계량기 시장에 진출하면서 시장 상황이 좋지 않기 때문이다. 2013년 1분기 연결 기준 매출액 80억 원, 영업손실 3억 2600만 원이다.

이도희

| 디지캡 대표 |

성과를 내고 싶다면
늘 준비된 사람이 되어라

이도희(47세) 디지캡 대표는 "시집가라"는 집안 요구에 열불이 나 창업에 나선 경우다. 그만큼 도전정신 면에서 둘째가라면 서러울 인물이다. 그는 대학교 졸업 후 두산그룹 광고 계열사인 오리콤에서 첫 직장생활을 시작했다. 이 대표는 "미국 유학까지 다녀왔는데 집안에서 시집 이야기를 꺼내더라. 귀국해서 바로 오리콤에 입사해버렸다"라며 웃었다.

오리콤은 광고업계에서 손꼽히는 곳이지만 이 대표가 그곳에서 배운 건 광고홍보 업무만이 아니었다. 그는 당시 흔치 않던 매킨토시를 익힐 수 있는 기회를 얻었고, 일본까지 유학 가 관련 기술을 습득할 수 있었다. 정보통신 기술과의 만남은 SK로 이직한 후에도 이어졌다. 국내에 2대밖에 없던 워크스테이션을 배우게 된 것. 그가 여성으로서는 드물게 매킨토시를 다룰 줄 안다는 점을 알아챈 회사가 베푼 기회였다. 이 대표는 "당시 매킨토시와 워크스테이션을 모두 다룰 줄 아는 여성은 업계에 드물었다. 그때부터 IT와의 끈이 이어진 셈이다"라며 당시를 회상했다.

이 대표는 SK를 거쳐 CJ로 옮겨갔다. CJ에서 마케팅이 주요 업무였는데, 당시 CJ의 네트워크 계열사인 드림라인에서 콘텐츠 업체에 마케팅 통로를 제공하는 게 주요 업무였다. "드림라인이 네트워크 회사라서 서버와 네트워크망을 갖고 있었어요. 콘텐츠 업체들이 자신들의 콘텐츠를 홍보하기 위해 찾아오면 그중에서 선별해 유료화하는 방안을 조언해줬죠."

CJ에 재직하며 이 대표의 머릿속을 가득 메운 생각은 '청바지와 광산'이었다. 전 세계인이 애용하는 패션 아이템 청바지는 광산에서 유래했다. 텐트용으로 개발된 질긴 천은 광산 노동자들의 하체를 보호하는 하의로 거듭났고, 이후 광산 노동자는 물론 전 세계인들로부터 선풍적인 인기를 끌었다. 이 대표는 "대학교 졸업 후에는 줄곧 '광산의 청바지' 같은 아이템을 찾아왔다"라고 말했다.

아무도 눈여겨보지 않지만 엄청난 잠재력을 지닌 사업 아이템을 찾던 그가 정착한 곳은 디지털 콘텐츠 보안 사업이었다. 이 대표는 콘텐츠라는 광산에서 남들이 미처 보지 못한 청바지 아이템을 찾고 싶었다. 마침 2000년대 초 싸이월드의 유료화 사업이 대박을 터뜨리며 이 대표를 부추겼다. 겉보기에는 아무것도 아닌 온라인 아이템들이 수십억 원, 수백억 원대의 매출로 돌아오는 모습을 목격했다. 이 대표는 더욱 청바지 아이템 찾기에 몰두했다. CJ에서 유료화 모델을 개발하며 익힌 남다른 시각은 그만의 강점이 되었다.

이때 이 대표 앞에 나타난 인물이 현재 디지캡 공동대표인 신용태 씨다. 숭실대학교 컴퓨터공학과 교수인 신 대표는 콘텐츠 보안 솔루션 업체를 설립해 시장에서 고군분투 중이었다. 그러나 좋은 아이템을 만드는 것과 시장에서 잘 파는 것은 전혀 다른 일. 대부분의 중소기업 대표들이 겪는 어려움이기도 하다. 이 대표는 마케팅에 강한 자신과 신 대표가 합치면 서로 부족한 부분을 메워 시너지 효과를 낼 수 있으리라고 봤다. 그렇게 대기업 생활을 접고 디지캡에 합류한 게 지난 2005년이었다.

디지캡은 방송과 통신보안을 전문으로 하는 솔루션 업체다. 전 직원 중 80% 이상이 연구개발 인력으로 구성됐으며 이중 50% 이상이 석사·박사 출신이다. 디지캡의 대표 솔루션 기술은 디지털 저작권관리DRM와 수신제한시스템CAS이다.

DRM은 음악을 듣거나 영상을 볼 때 서비스 업자에게 권한받은 사람만 합법적으로 이용할 수 있게 지원하는 솔루션이다. 유료 결제를 완료한 사용자에게만 해당 음원을 들을 수 있도록 해주는 식이다. CAS는 프로그램이나 채널에서 콘텐츠를 시청할 때 사용자가 가입하지 않은 채널에는 접근을 제한하는 기술을 일컫는다. 예컨대 유료 케이블 채널에서 사용자가 가입하지 않은 채널을 선택할 때 화면이 나오지 않게 차단한다. 두 기술 모두 유료 콘텐츠 제공사로서는 필수로 확보해야 할 보안 솔루션인 셈이다. 이 대표는 "콘텐츠 사용자들이 불편 없이 콘텐츠를 접하도록 하는 배경에는 우리 기술이 있다. 우리 덕분에 돈 낸 사람만 콘텐츠를 사용할 수 있는 것"이라고 말했다.

디지캡이 강점을 보이는 CAS 등은 기존에 100% 외산이 차지하던 시장이었다. 이 대표와 디지캡은 기술력을 무기 삼아 시장을 하나씩 개척해나갔다. "우리를 처음 만난 이들은 반대가 심했지만 기술 테스트만 6개월씩 하며 계속 문을 두드리자 결국 열리더라고요. 지금은 국내 대기업은 물론이고 해외에서도 콘텐츠 보안 솔루션은 우리 기술을 사용해요."

이렇듯 디지캡의 기술력은 해외에서도 인정받고 있다. 다국적 DMB추진연합기구인 국제 DMB개발그룹이 지난 2010년 CAS 공급회사로 디지캡을 최종 지목한 것. 유럽과 아시아 등 12개국 14개 사업자가 디지캡의 CAS를 사용하게 된 계기다. 현재 서울 상암동 디지캡 본사에는 해외와 연결되는 CAS 센터가 운영되고 있다.

디지캡은 이 대표를 비롯한 직원들의 연령대가 경쟁사에 비해 비교적 젊은 기업이다. 이 대표는 "직원들의 나이가 젊고, 거기다 생각까지 젊은 기업이라 권위적인 면을 탈피하고 사용자 중심에서 시장 상황이나 수요를 파악하는 데 바람직한 인력구조"라며 "하지만 총 60여 명의 직원 중 80%가 연구개발 쪽 업무를 맡고 있을 만큼, 기술력 또한 우수한 업체"라고 자신했다.

실제로 디지캡은 2000년 설립 후 줄곧 기술개발에 매진해왔다. 기술력만이 시장에서 외국계 기업에 대항할 수 있는 수단이라는 생각에서였다. 2002년 국내 최초로 모바일 DRM 기술을 선보이는 등 대표적 특허기술만 29개에 달한다.

이 대표에게 의외인 점은 그가 동양화를 전공한 미술학도라는 점이다. 이 대표의 방에는 그가 직접 그린 동양화 작품이 벽 한켠을 장식하고 있다. 그는 미술을 배운 점이 경영을 하는 데 많은 도움이 됐다고 했다.

"미술을 배우면 공간지각능력이 높아져요. 입체적인 생각을 할 수 있게 된다는 이야기죠. 멀티미디어 시대에 소비자에게 짧은 순간 강한 임팩트를 줘야 하는데, 이때 미술 경험이 큰 도움이 되어요."

그는 경영자로서 좋은 성과를 내고 싶다면 늘 준비된 사람이 돼야 한다고 조언했다. 최선의 타이밍이 언제 올지 모르는 만큼 항상 준비하는 자세를 갖추는 게 중요하다고 했다. 이 대표는 "스티브 잡스는 30분 프레젠테이션을 위해 1주일을 꼬박 연습한다. 그가 대중 앞에서 훌륭한 프레젠테이션을 보일 수 있는 건 준비가 되어 있어 가능한 일이다"라고 강조했다.

창업을 앞둔 새내기들에게도 비슷한 조언이 이어졌다. 그는 "단지 정부에서 지원금을 준다니 창업에 나선다는 식은 곤란하다"라며 "관련 경험도 쌓고 하면서 준비를 하다 보면 언젠가는 좋은 결과로 돌아올 것"이라고 전했다.

대표적 여성 CEO지만 이 대표는 여성이라고 무작정 지원하는 건 반대한다고 했다. 여성의 손에 지원금을 쥐어주는 식으로는 여성 CEO 활성화가 요원하다는 주장이다. 그보다는 여성이 일할 수

있는 환경을 만들어주는 데 집중해야 한다고 밝혔다. 물고기를 주
는 게 아니라 물고기 잡는 방법을 일러주는 셈이다.

이 대표는 "사회 구조가 바뀌지 않으면 여성 인력 창출은 요원한
일이다"라며 "채용 인력 중 여성이 절반 이상이면 정부가 무상으로
육아시설을 공급해주는 등 환경을 바꿔야 한다"라고 말했다.

이도희 대표는?

▲1966년 서울 출생 ▲1989년 이화여자대학교 미대 졸업 ▲2000년 디지캡 설립 ▲2006년 연세대학교 언론홍보대학원 졸업 ▲2010년 동반성장위원회 위원

디지캡은 어떤 기업?

디지캡은 국내는 물론 해외에서도 기술력을 인정받는 디지털 콘텐츠 보안 솔루션 전문 업체다. 디지캡의 대표 솔루션 기술은 디지털저작권관리(DRM)와 수신제한시스템(CAS)이다. DRM은 음악을 듣거나 영상을 볼 때 서비스 업자에게 권한 받은 사람만이 합법적으로 이용토록 지원하는 솔루션이다. CAS는 프로그램이나 채널에서 콘텐츠를 시청할 때 사용자가 가입하지 않은 채널에는 접근을 제한하는 기술을 일컫는다.

이 회사는 2002년 SK텔레콤에 벨소리, 게임 콘텐츠용 DRM 솔루션 공급을 시작으로 음악, 동영상, e북 등 다양한 콘텐츠에 솔루션을 제공해왔다. 2007년부터는 LG텔레콤에 통합 DRM 시스템을 구축, 운영 중이다.

2012년에는 모바일 IPTV 시스템을 SK브로드밴드에 구축했다. 이 밖에도 디지캡은 스마트폰으로 콘텐츠, 맛집, 지도 등을 검색하는 기능, 콘텐츠 저작권 보호 기능 등을 제공한다.

이은정
| 한국맥널티 대표 |

벤처에 섬세함과
따스함을 입혀라

"벤처는 빛의 속도로 변해야 한다." 이은정(49세) 한국맥널티 대표의 말이다. 작은 성공에 안주하지 말고 계속 변화를 추구하는 자세야말로 벤처의 성공 요건이라는 말이다. 그는 "기업은 살아 숨 쉬는 생물과도 같아서 안주하면 안 된다. 사장부터 직원까지 끊임없이 도전해 변화하고 진화하는 기업만이 벤처다"라고 말했다.

이 대표가 가장 좋아하는 경영인이 스티브 잡스 전 애플 CEO인 것도 같은 맥락이다. 애플을 창업한 잡스는 아이팟, 아이폰, 아이패드에 걸쳐 매번 새로운 산업 패러다임을 만들며 시장을 창조해온 인물로 평가받는다. 그가 그리는 벤처 정신을 가장 잘 구현했다고 볼 수 있다. 이 대표는 "내일 죽는다고 해도 지금 하는 일을 할 텐가?"라는 잡스의 말을 좋아한다. "스티브 잡스는 최근 강조되는 창조경제에 가장 부합하는 인물이라고 생각한다. 살아서 꼭 한 번 만나보고 싶었다"라며 아쉬워했다.

기업을 이끄는 데 '여성'이라는 점은 강점과 약점 중 어느 쪽에 속할까. 유리천장이라는 말이 의미하듯 부정적으로 받아들여지는 경우가 더 많다. 그러나 남성과는 다른, 여성만이 지닌 강점을 역설하는 인물이 이 대표다. ‘그럼에도 불구하고’가 아닌 ‘그랬기 때문에’ 성공할 수 있었던 그의 도전기는 여성기업인이 귀한 현실에 잔잔한 울림을 남긴다.

원두커피 제조업체인 한국맥널티는 국내 시장 1위 자리를 고수하고 있다. 보유하고 있는 커피 레시피와 특허권만 500여 종에 달한다. 그만큼 현재 위치에 안주하지 않고 매년 기술개발을 통해 새로운 무언가를 끊임없이 만들어왔다. 원두커피라는 개념이 채 자리 잡지 않던 시절 회사를 설립한 그는 국내 원두커피 시장의 개척자라 불릴 만하다.

지금은 16년차 CEO인 그이지만 대학교 시절부터 창업의 싹이 보였던 것은 아니다. 되레 그 반대였다. 그는 “경영학과에 입학했는데 학문이 생소하더라. 특히 회계가 어려웠다. 대학교 때는 경영자가 될 줄은 전혀 몰랐다”라며 웃었다. 졸업 후 직장생활을 하던 그는 1993년 원두커피를 수입해 대형할인점과 백화점에 공급하는 사업을 시작했다. 입사 2년 만에 회사를 그만둘 때 그는 ‘내가 하고 싶은 일을 하면서 살아보자’ 하는 생각이었다. 당시 용기의 배경으로 그는 “제주도 해녀였던 할머니의 영향이 큰 것 같다”라고 털어났다. 제주도의 삼다(三多) 중 하나인 여자는 예로부터 바닷물을 헤치며 사내들을 먹여 살렸다. 제주도 해녀의 푸른 도전정신은 그렇게 2년차 직장인을 회사 밖으로 끌어냈다.

이 대표가 한국맥널티를 설립하고 본격적으로 원두커피 제조업에 뛰어든 건 지난 1997년 터진 외환위기가 계기였다. 원·달러 환율이 고공행진을 하자 수입원가 부담이 더 이상 버티기 힘들 정도로 커졌다. 사업 중단을 고민하던 그의 머릿속에 '원두커피를 들여오기 힘들면 내가 직접 만들어보자' 하는 생각이 떠올랐다. 일종의 역발상이었다. 기존 유통업을 하며 대형할인점을 중심으로 수요는 충분히 확인한 터였다. 수입에서 직접 제조로 전환하니 자연스레 공급가격이 내려갔다. 한국맥널티가 원두커피 1위 업체로 올라선 배경이다.

안정적으로 커피 사업을 진행하면서도 지난 2006년 제약 공장을 인수하며 제약업으로 사업을 확장했다. 커피 공장을 찾던 중 우연히 발견한 기회였다. 커피와 제약은 이질적이지만 그는 기술력이라는 공통분모를 찾았다. 이 회사는 약을 복용했을 때 녹는 속도를 조절해 적재적소에서 효과를 발휘하도록 하는 특허기술을 보유하고 있다. 이는 환자들이 약을 복용하는 데 편리하고 적은 양의 약을 먹어도 제대로 된 효과를 얻게 된다. 항알레르기 서방형(약의 효능이 인체로 서서히 방출되는 성질) 기술로 국내에서 유일하게 단일 펠릿(캡슐 속에 들어 있는 알갱이)으로 된 항알레르기제 복합제를 만들고 있다. 또 복용 횟수와 시간을 줄인 코감기약도 생산해 국내 제약사에 주문자상표부착생산(OEM)방식으로 공급하고 있다. 매출액 대비 13% 이상을 연구개발비로 투입한 결과다.이 대표는 2013년 초부터 국내 여성 벤처인들의 수장인 여성벤처협회장을 맡고 있다. 지난 2003년 처음 협회의 문을 두드린 지 10년 만이다. 그동안 협회 내에서 이사, 부회장, 수석부회장을 거치며 회사를 키우는 데 큰 도움을 받았다. 이제는 후배 벤처인들에게 되갚아줘야 할 때라는 게 그의 생각이다. 올해 야심차게 여성벤처 멘토링 캠페인을 준비 중인 것도 그래서다. 그는 "새내기 벤처의 아이템을 보면 깜짝 놀랄 정도로 좋은 아이디어가 많다. 선배들과 조인트 벤처 방식으로 연계하면 더 좋은 기회를 찾을 수 있을 것"이라고 자신했다. 그는 영화 《300》에서 아이디어를 따 "여성 벤처 300 전사를 만들자"를 캐치프레이즈로 내걸었다. 이들을 기반으로 제2, 제3의 후배 벤처들을 도약시켜 여성 벤처 발전을 이끌겠다는 것이다.

여성벤처협회장으로서 여성 벤처가 적은 현실을 그는 어떻게 생각할까. 이 대표는 "여성이 남성보다 똑똑하기 때문"이라는, 다소 의외의 답을 내놨다. 여성은 막상 좋은 아이템이 있으면서도 사업 실천에 옮기는 데 고민을 하는 반면, 남성은 일단 저지르고 본다는 것이다. 벤처는 꼼꼼한 사업 분석도 중요하지만 초기에는 적극적인 도전정신이 더 중요하다고 그는 설명했다.

"남성은 아이템이 좋다고 생각되면 회사부터 만들어놓고 시작해요. 실패하는 경우도 많지만 일단 도전하는 이들 자체가 많다 보니 성공하는 이들도 많죠. 반면 여성은 아이템이 좋으면서도 여러 가지 각도로 고민하고 분석하다가 시기를 놓치는 경우를 많이 봤어요."

우리나라는 2013년 박근혜 대통령이 취임하며 여성 대통령 시대가 열렸다. 이 대표의 기대감도 남다르다. 그는 2013년 대통령 방미단의 일원으로 참석, 세계 시장에서 급부상한 우리나라의 위상을 확인하고 돌아왔다. 그는 "여성 대통령 시대인 지금이 아니면 언제 여성 벤처 발전을 하겠느냐, 하는 생각이 있다. 벤처에 대한 해결책이 나왔으면 한다"라고 기대감을 드러냈다.

이 대표가 생각하는 여성 CEO만의 강점은 '섬세함' 과 '따스함' 이다. 이들 두 가지는 여성이라서 더 잘 전달할 수 있는 감성이다. 벤처에 섬세함과 따스함을 덧붙이면 여성 벤처만의 특징을 구현할 수 있다는 지론이다. 그렇다고 아무나 쉽게 벤처에 뛰어드는 건 결사반대다. 최근 벤처 붐이 일며 정부에서 각종 지원책을 쏟아내자 이를 노린 가짜 벤처도 기승을 부리는 실정이다. 그는 "순수한 고민 없이 정책지원금을 악용하려는 식의 창업은 벤처 정신이 아니다"라며 "이 길에 내 인생을 한번 걸어보겠다는 각오로 도전한다면 언제라도 도와줄 준비가 되어 있다"라고 말했다.

이 대표는 후배 여성 벤처인을 위해 '버스 이론' 을 들려줬다. 버스 정류장에서 버스를 기다리면 언젠가는 버스가 오듯이, 당장 꿈꾸는 목표가 불가능한 것처럼 보여도 목표를 포기하지 않고 시간을 갖고 기다리면 분명히 기회(버스)는 오게 되어 있다는 것이다.

지금도 이 대표는 기업공개IPO라는 새로운 도전을 준비 중이다.

우리나라 상장사 중 여성 CEO는 1%도 채 되지 않는다. 그는 자신의 도전이 현 상황을 바꾸는 밑절미가 될 수 있다면 시도해볼 만한 가치는 충분하다고 힘주어 말했다. "벤처에서 시작해 코스닥, 코스피를 거치며 하나의 롤모델로 자리 잡고 싶어요. 후배 여성 CEO들이 참고할 수 있는 길을 걸어가는 게 내 목표예요."

▲1964년 서울 출생 ▲1988년 홍익대학교 경영학과 졸업 ▲1997년 한국맥널티 대표이사 ▲2010년 대한상공회의소 중소기업위원회 위원 ▲2012년 동반성장위원회 위원 ▲2013년 한국여성벤처협회장 ▲2013년 미래창조과학부 창조경제 자문위원

한국맥널티는 어떤 기업?

지난 1997년 설립된 한국맥널티는 국내 원두커피 시장 1위(2011년 기준 시장 점유율은 23.9%) 기업으로 원두커피 유통뿐 아니라 소비자용 상품 판매도 병행하고 있다. 대표 판매 상품은 휴대용 티백형 제품인 '삼각형 티백', 컵 윗부분에 다리 형태의 종이 지지대를 걸쳐놓고 물을 따르는 형식인 '드립 백', 캡슐커피처럼 작은 용기에 진한 농축액이 들어 있어 뜨거운 물에 넣는 순간 원두커피가 되는 '포션커피' 등이다.

이 회사는 2003년 설립된 사내연구소에서 신제품 개발을 맡고 있는데, 매년 매출액 대비 13%가량을 연구개발비로 투자하고 있다. 현재 냉수용 원두커피 제조방법, 유산 생성 바실러스 함유 커피믹스 등 500여 종의 특허기술 및 레시피를 보유하고 있다.

설립 이후 현재까지 누적 커피 생산규모는 5만 721백(1백=60kg)에 달한다. 스틱형 믹스커피는 2004년부터 미국, 중국 등에 수출하고 있다. 2004년 커피업계 최초로 벤처기업 인증, ISO 9001 인증 등을 받았다. 2006년에는 제약공장을 인수, 제약업으로 사업을 넓혔다. 개량 신약, 고혈압, 비만, 골다공증 치료제 등을 개발하고 있다. 2012년 매출액은 152억 원, 영업이익은 11억 원이다.

7cm

교육

리더는
영원한 학습자

박현주 엠큐릭스 대표 / **양윤선** 메디포스트 대표

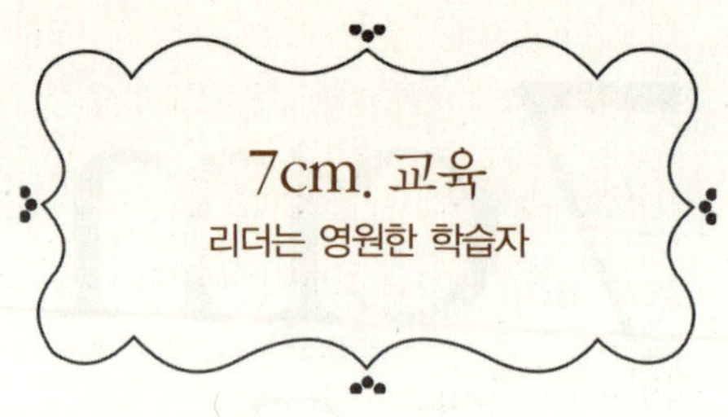

평사원으로 입사해 사장으로 승진하기까지 확률은 얼마나 될까. 정답은 0.036%, 1만명 중 3.6명 꼴이다. 기업 경영평가 업체인 CEO 스코어가 30대 그룹 계열사 가운데 사장(직급 기준) 이상 임원을 보유한 195개사를 조사한 결과다(2013년 8월). 195개사의 총 직원 수는 90만 7023명으로 이 가운데 사장 이상 고위 임원은 322명. 2817분의 1, 그야말로 낙타가 바늘구멍에 들어가는 격이다. 대학생들의 입사 선호 1위 기업인 삼성은 바늘구멍이 더 좁다. 삼성그룹의 총 직원 수는 21만 8640명, 사장 이상은 48명(0.022%). 기업 임원이 되면 '별을 달았다' 라고 일컫는데 삼성 사장이 된다는 것은 말 그대로 '별 중의 별' 에 오른 것이다.

'별중의 별' 들이 매주 수요일이면 서울 서초동 삼성사옥으로 출근한다. 삼성 수요사장단 회의에 참석하기 위해서다. 그룹 주요 현안을 논의하는 자리인데 외부 연사를 초빙해 강연도 듣는다. 역사, 환경, 인문, 세계경제 등 주제는 다양하다. 급변하는 경영환경의 위기 속에서 폭넓고 명쾌한 정보를 습득해 경영 리스크를 줄이고 성장 기회를 확대한다는 취지다.

최근 화두는 단연 중국이다. ▲《사기(史記)》와 중국(1월 23일, 사학자 김영수 씨)부터 ▲미·중·일 새 정부의 주요 정책 전망(2월 6일, 이영조 경희대 국제대학원 교수) ▲한비자의 리더십(2월 20일, 김원중 건양대 교수) ▲금시조(金翅鳥), 바다를 가르다(3월 27일, 김성곤 방송통신대 교수)까지 두 달에 한 번 꼴로 중국을 주제로 한 강연이 열렸다. 삼성 수뇌부의 '중국 배우기'는 삼성이 중국을 제2의 내수시장으로 삼고 있는 경영 목표와 무관치 않다. '세계의 공장'에서 '세계 최대 소비시장'으로 급부상한 중국 시장을 공략하기 위한 경영전략이 사장단 회의를 통해 거시적이고 종합적으로 투영되고 논의되는 것이다.

세계 최고 리더십 전문가 워렌 베니스(하버드 대학교 센터 자문위원회 전 의장)는 '리더는 영원한 학습자'라고 규정했다. 그는 "끊임없이 새로운 시각을 제공해 새롭게 사물을 바라볼 수 있게 하고, 창의성을 발휘해 새로운 기회를 엿보고 도전하려는 의지에 연료를 제공한다"라며 리더 학습의 의미를 평가했다. 제너럴 일렉트릭GE의 제프리 이멜트 회장도 리더십의 첫째 조건으로 '항상 배우는 태도'를 꼽았다. 이멜트 회장은 "훌륭한 리더는 외부 세계에 갈증을 느껴야 하고 학습을 통해 발전해야 한다"라고 역설했다. 그런

점에서 삼성 사장단회의는 워렌 베니스가 말한 '영원한 학습자' 의 실체이자 이멜트 회장이 언급한 '항상 배우는 태도' 의 실천인 것이다.

여성 리더십의 성공적인 구축도 마찬가지다. 성공한 여성 리더들은 '배우는 방법' 뿐만 아니라 '조직 내에서 배우는 방법' 을 발견할 줄 아는 혜안을 가졌다. 그에 따라 조직에서 발생하는 모든 문제에 역량을 집중, 결국 해법을 찾아내고 만다. 조직은 생산성을 극대화하는 냉정한 평가 대상이자, 동시에 미래 가치 창출의 학습장이라는 사실을 그들은 잘 알고 있는 것이다. 문제는 효율적이고 생산적인 학습 방법을 어떻게 연마하느냐.

교수법 분야에서 세계 최고 석학으로 '교수를 가르치는 교수' 란 별칭까지 얻은 켄 베인 박사는 좋은 점수를 얻기 위해 공부하는 학생들을 '피상적이고 전략적인 학습자' 라고 꼬집었다. 반면에 스스로 노력하면 능력이 향상될 수 있다는 강한 믿음을 갖고 깊이 있는 탐구를 계속하는 '심층적 학습자' 는 궁극적인 행복과 성공을 거머쥔다고 역설했다. 점수를 목표로 삼은 학습자보다는 미래 가치에 주력하는 학습자가 더 좋은 성과물을 거둔다는 가르침이다. 기업리더들이 단기적인 성과에 매몰되면 장기 비전의 큰 그림을 놓칠수 있다는 경고이기도 하다.

켄 베인 박사는 그동안 100명의 창의적 리더들과 나눈 인터뷰를 통해 이 같은 결론을 내렸다. 그가 만난 리더들은 1986년 노벨 화학상 수상자 더들리 허슈바흐를 비롯해 2012년 〈타임〉지의 '세계에서 가장 영향력 있는 100인'에 선정된 코미디언 스티븐 콜버트, 모바일 디바이스 분야의 구루인 혁신가 제프 호킨스, 최고의 거미 전문가 셔릴 하야시, 혁신적인 도시형 수직농장을 기획한 윌 앨런, 세계적인 저널리스트 데이비드 프로테스 등 하나같이 혁신적인 학습으로 현실의 난관을 극복한 인물들이다. 이들은 성적이나 경제적인 성공과 같은 외적 동기에 휘둘리지 않고 내면의 동기를 찾아내는 힘을 공통적으로 가지고 있다. 쉬운 것은 아무것도 없음을 깨닫고, 내면의 동기를 찾아 정신의 역동적인 힘을 발견하고, 혁신과 도전을 멈추지 않는 것이다. 이와 같은 심층적 학습자들은 어려운 문제를 해결하는 일을 즐기고, 생각을 자극하는 공부를 하며, 폭넓고 통합적인 학습을 해야 한다.

리더들의 훌륭한 학습방법으로 독서를 빼놓을 수 없다. "모든 독서가reader가 다 지도자leader가 되는 것은 아니다. 그러나 모든 지도자는 반드시 독서가가 되어야 한다"라는 제33대 미국 대통령 해리 트루먼의 명언은 리더십과 독서의 상관관계를 역설한다. 마이크로소프트 창업자인 빌 게이츠는 "하버드 대학교 졸업장보다 독서하는 습관이 더 소중하다"라고 입버릇처럼 말하는 '책벌레'다. 스티브 잡스는 18세기 영국의 시인이자 신비주의자인 윌리엄 블레이크의 작품을 즐겨 읽었는데, 잡스의 독특한 경영 스타일이 독서에서 영향을 받았다는 것은 잘 알려진 사실이다. 나이키의 창업자 필 나이트도 은행 계좌보다 자신의 서고를 더 소중히 여기는 독서광이다. 독서는 성장하는 삶에 강렬한 동기를 부여한다. 인생이 지치고 힘들 때, 고통을 이겨낼 수 있는 치유제를 제공한다. 책을 펼친다는 것은 온갖 보물로 가득한 창고 문을 여는 황홀경의 경험이다. 내 삶의 동반자이자 훌륭한 스승이 곧 독서인 것이다. "사람이 만든 책보다 책이 만든 사람이 더 많다"는 가르침을 리더들은 가슴 깊이 담아야 한다.

여성 리더가 발전적인 학습 태도를 견지하기 위해서는 지인들이나 조직원들과 서로 자주 질문하고 토론하는 것도 좋은 방법이다. 전 세계 경영자들이 가장 존경하는 기업가 잭 웰치 전 GE CEO는 회장 재임 시절 어떤 자리에서든 여러 사람에게 이렇게 물었다.

"자네의 최근 관심사는 무엇인가?" "왜 그런 관심을 갖게 되었지?"

이 질문으로 직원들의 관심사를 파악하는 동시에, 조직이 응시해야 할 방향이 어디인지를 파악했다. 답변 내용으로 그 직원이 얼마나 준비된 인재인지도 파악이 가능했다. 잭 웰치가 대화의 주도자이자 평가자로서 질문을 던질 수 있었던 것은 수많은 학습을 통한 방대한 지식과 정보가 그의 뇌와 가슴에 녹아 있었기 때문이다. 리더가 학습을 하지 않는다면 주변인들도 공부를 하지 않는다는 사실은 자명하다. 질문과 토론은 리더 스스로의 발전을 견인할 뿐 아니라 조직 성장을 자극할 것이라는 사실을 잭 웰치는 꿰뚫고 있었던 것이다.

1. 영원한 학습자로서 항상 배우는 태도를 얼마나 잘 유지하고
있는가.

2. 모든 독서가가 지도자가 되는 것은 아니지만 훌륭한 지도자
는 독서가가 되어야 한다.

3. 주변인과의 잦은 토론을 통한 학습적 태도가 개인과 조직의
발전을 견인하는가.

학습은 곧 창조다. 박근혜정부가 창조경제를 국가발전 동력으
로 삼고 있지만, 근간에는 리더들의 치열한 학습이 뒷받침되어야
한다. 사전에서 '창조'라는 단어를 찾아보면 '전에 없던 것을 처음
으로 만듦'이라고 설명한다. 무(無)에서 유(有)를 만들어낸다는 뜻
이다. 이런 맥락에서 창조경제를 '0에서 1을 만드는 일련의 행위'
로 풀이하는 시각은 옳지 않다. 틀린 것은 아니나, 현실을 감안하
면 '창조=융합'으로 귀결된다. 이를 테면 '1+1=2+α'라는 등식
이다.

성장하는 여성기업 리더들은 창조적 가치 창출을 위한 동력으로
'학습'을 첫손에 꼽는다. 양윤선 메디포스트 대표는 "기존의 산업
패러다임으로는 더 이상의 경제발전을 기대하기 어려운 만큼 여러
가지 기술·서비스·아이디어의 융합과 혁신을 기초로 창조적 산
업을 새롭게 만들어가야 한다"라며 "기술을 융합하고 첨단기술을
앞서 성공시키려면 리더가 다양한 학습을 통해 시야를 넓혀야 한

다"라고 역설한다. 박현주 엠큐릭스 대표도 "논리적인 사고를 키울 수 있는 훈련이나 다양한 융합 지식을 익힐 수 있는 기반을 우리 사회가 만들어야 한다"라고 강조한다. 창의적이고 혁신적인 가치 창출은 현재의 자기 자신에 정체되지 않고 다양한 시각으로 세상을 바라봐야 한다는 공통된 주문이다. 바로 리더의 학습이 모든 변화를 주도한다.

박현주

| 엠큐릭스 대표 |

소통과 경험, 성공의 키워드

"처음 CEO가 됐을 땐 세금계산서 하나 뗄 줄도 몰랐을 정도로 경영에 무지했어요. 저를 8년차 CEO로 키워준 건 8할이 '기술'이죠. 기술에 대한 이해가 깊었기 때문에 지금까지 업계에서 인정받을 수 있었다고 생각해요."

박현주(47세) 엠큐릭스 대표는 국내 IT 업계에서도 드문 여성 개발자 출신 CEO다. 남자 개발자들도 줄줄이 고배를 마시는 CEO 자리에 여성의 몸으로 우뚝 설 수 있었던 것은 기술에 대한 깊은 이해가 있었기에 가능했다. 그러나 그런 박 대표도 아쉬워하는 게 있다. 초기에 제대로 된 CEO 교육을 받을 수 없었던 탓에 회사 덩치를 키울 기회를 여러 번 놓쳤다는 것이다.

그는 "계속 R&D 분야를 담당하다가 주변의 추대를 받아 대표가 되고 나서 처음으로 세금계산서를 봤다"라며 "재무나 경영 쪽에서 전혀 준비가 안 된 상태에서 조금씩 이해하고 결정하면서 경험을 쌓으면서 많이 나아졌지만, 안팎으로 큰 낭패를 봤다는 건 인정할 수밖에 없다"라고 안타까워했다. 작게는 대기업들과 인건비 계약부터, 크게는 투자·합병 등의 좋은 기회까지 놓쳤다는 것이다.

박 대표는 "외부적으로는 작은 벤처였으나 모바일 보안이나 인증 등 전문적인 기술과 솔루션이 있었고 통신사 등의 대형고객도 확보했기 때문에 회사 초기부터 투자의 기회들이 있었고, 설립 3~4년차부터는 합병 제안도 심심찮게 들어왔다"라며 "전문가의 도움을 받긴 했지만 결국 쉽게 결정을 내리기 힘들어 무산됐다"라고 말했다. 최종 결정을 내려야 하는 대표가 판단을 망설이게 되면서 몸집 불릴 시기를 놓친 셈이다. 전문지식을 가진 직원을 채용하여 해결하는 것도 '미봉책'에 불과했다. 박 대표는 어떻게 이런 난관을 해결했을까. 답은 '솔직함'이었다. 박 대표는 경영, 특히 재무 부분에 대해 결정할 일이 있다면 상대에게 솔직히 잘 모른다고 털어놓고 이해할 때까지 계속 물어봤다. "실수에 대해서도 인정하고 케이스마다 단계별 담당자를 만나 많은 질문을 하고 직접 확인을 하며 해결했다"라고 말했다. 때에 따라 전문가의 도움을 받기도 했고, 경영에 대한 지식과 경험의 폭을 넓히고자 다양한 분야의 많은 사람들을 만나면서 인맥을 넓혀왔다.

경영지식 부족으로 고민하는 후배 여성기업인들에게는 '경험'과 '소통'을 많이 하라고 조언했다. 박 대표는 경영지식에 대해서는 이론으로 배울 수 있겠으나 실제 경영에 대해서는 직접 경험하지 않는 한 어렵다고 생각한다. "하지만 모든 경험을 할 수 없기에 결국은 많은 사람들, 특히 경영 일선에서 뛰는 선배들을 많이 만나 간접경험을 쌓는 것이 필요하다"라고 말했다. 하지만 창업 인프라가 남자들에 비해 적은 여성들의 경우 간접경험의 기회도 많지 않은 것이 사실이다. 그 역시 네트워킹을 할 수 있는 선배와 후배들의 인프라가 적은 여성기업인은 상대적으로 빠른 시간 내에 조언이나 도움을 받기가 어렵다고 인정했다.

결국 스스로 교육 기회를 찾아 하나라도 더 배우는 자세가 중요하다는 지적이다. 정부 역시 여성 인력을 활용하기 위해서는 여성들에 대한 교육 기회를 대폭 늘려야 한다. 그는 "남성기업인은 직장을 다니며 전문지식 외에도 다양한 이해관계를 만들어 단계적으로 창업을 하는 경우가 많은 대신, 여성기업인은 직장생활을 전혀하지 않고도 다양한 계기로 사업을 하다 보니 사업계획서라는 것조차 잘 모르고 시작하는 경우도 많다"라면서 "여성기업인들에 대한 경영교육뿐 아니라 기업 경영을 위해서는 초기 정부 정책자금, R&D 사업 지원자금 등을 잘 활용할 수 있는 교육도 활발하게 이뤄져야 할 것"이라고 말했다.

그는 CEO의 중요한 자질 중 하나로 '공부'를 꼽았다. 경영은 물론 몸담고 있는 업종에서도 매일 새로운 관련지식이 쏟아지기 때문이다. 박 대표는 "스티브 잡스처럼 기술에 대해 잘 이해하고 있는 CEO가 회사를 발전시킬 수 있다"라며 "요즘도 외국에서 새로운 기술이나 하드웨어가 나오면 바로 표준문서(스펙)를 받아본다"라고 말했다. 박 대표의 말마따나 그의 책상에는 영어로 쓰인 두터운 문서가 여러 권 놓여 있었다. 그는 "업무 시간은 물론 집에서도 틈틈이 시간을 아껴가며 최근 기술 트렌드는 무엇인지, 사업에 어떻게 활용할 수 있을지를 생각한다"라고 덧붙였다.

1980년대 컴퓨터공학이라는 학문 자체가 생소하던 시기, 그는 전북대학교 컴퓨터공학과 1회로 입학했다. 학과 대부분이 남자였고 여학생은 그를 포함해 두셋뿐이었지만, 특유의 친화력으로 남자 학우들과도 스스럼없이 지냈다. 대학을 졸업하고 나서는 본격적으로 개발자의 길을 걸었다. 밤을 새가며 일에 몰두한 끝에 남성 중심이던 개발자 세계에서 실력으로 인정받았다. 박 대표가 보안연구소 개발실장으로 몸담았던 시큐어소프트가 세 개의 회사로 쪼개졌을 때 사내에서 그를 모바일 사업부(엠큐릭스의 전신) 사장으로 추천한 것도 그래서다. 박 대표는 "시큐어소프트 다음에는 학교로 가서 교수를 해야지, 하고 생각하고 있었는데 직원들과 고객사들이 '저한테 (CEO를) 해보라'고 권했다"라며 "경영이나 재무에 대해서 아무것도 모르는 상태에서 CEO 직을 맡게 됐다"라고 말했다.

엠큐릭스는 2005년 그렇게 설립됐다. 월급쟁이에서 사장으로 변신한 후에도 그는 여전히 '개발자'의 끈을 놓지 않았다. 코딩 전까지 큰 그림을 그리고 특허문서를 쓰는 일은 다른 회사 사장들은 절대 하지 않는 일이지만, 그는 아직도 스스로 하고 있다. "제 성향이 그렇기도 하고, 기술적인 부분에서는 다른 쪽(회사)에서 따라올 수가 없다"라고 자신했다. 엠큐릭스는 지난 8년간 주요 통신사의 암호화 시스템이나 금융회사의 유무선 공인인증 시스템, LG 전자 스마트TV의 기기인증 등을 도맡으며 업계에서 기술력 있는 회사로 인정받아왔다. 최근에는 호텔·골프장 관리 솔루션도 출시하며 새로운 영역에 도전하는 중이다. 향후에는 솔루션뿐만 아니라 로열티를 받을 수 있는 패키지 분야를 키울 방침이다. 박 대표는 맞춤형 솔루션은 안정적이지만 장기적으로 큰 매출을 올리는 데는 자체적인 패키지 프로그램을 갖는 것이 중요하다고 판단했다. 따라서 "회사의 반은 솔루션, 반은 패키지를 연구개발 중"이라고 설명했다.

하지만 여성 CEO로서 보안 업계에서 살아남는다는 것은 결코 녹록지 않은 일이었다. 기술에 대한 이해도만큼은 누구에게도 뒤지지 않는 그였지만 '네트워크(관계)'가 문제였다. 그는 "다른 곳보다는 덜하지만 술 먹고 영업하는 문화가 IT 업계에도 여전히 남아 있었다"라면서 "여성 CEO라는 특성상 협력업체 관계자와 단둘이 술을 마시는 영업을 할 수가 없더라" 하며 고충을 털어놨다. 다 잡아놓은 계약을 경쟁사에 뺏기는 일도 있었다.

박 대표는 자신과 같은 처지에 놓인 여성들에게 네트워크의 중요성은 아무리 강조해도 지나치지 않다고 충고했다. 그는 "사회에 나가서 나를 도와줄 사람들은 결국 같은 대학, 학과에서 알게 된 사람들"이라며 "남성들과 달리 여성들은 그런 네트워크가 부족해 경쟁에서 밀리는 경우가 적지 않다"라고 지적했다.

예상치 못하게 CEO를 맡으면서 가족들과의 갈등은 없었을까. 이 문제를 해결하기 위해 박 대표는 자율과 강제를 반반씩 섞어 '평일은 회사가 우선, 주말에는 집이 우선'이라는 규칙을 세웠다. 월요일부터 금요일까지는 일에 열중하고, 토요일에는 가족 모두가 자유로운 시간을 갖는다. 단, 일요일은 철저히 가족 간의 시간을 공유한다. 박 대표는 일요일이면 골프 약속도 안 잡고 가족에 열중했다. 그는 "가족끼리 협의해서 규칙을 정하니 서로가 크게 맘이 상할 일이 없었다"라고 귀띔했다.

여성들의 '소통 능력'이 남성 중심 사회에서도 키워드가 될 수 있다는 게 그의 지론이다. 박 대표는 "우리나라에서 성공한 CEO 400명을 대상으로 성공 비결을 조사했더니 1위가 '순망치한(脣亡齒寒)이더라"면서 "결국엔 소통이 중요하다는 뜻인데, 여성들은 소통 능력에서 남성들을 훨씬 앞선다"라고 강조했다. 그 역시 많은 남자 동료 CEO들에게 부담되지 않고 편하다는 평가를 많이 받는다고 한다. 박 대표는 "처음에는 여자라며 흰눈을 뜨고 보던 사람들과도 한 달 만에 친구가 됐다"라며 "공대 출신이라 그런지, 친화력 때문인지 남자 사장들과도 잘 어울린다"라고 자평했다.

그는 자신의 존재가 여성 개발자들에게 '희망'이 되었으면 하는 바람이다. 대부분의 개발자들이 40대가 되는 것과 동시에 영업이나 관리직으로 옮기는 개발자 사회에서 박 대표는 드문 사례다. 특히 여성 중에서는 전무후무하다. 그는 "스터디 그룹에서 함께 공부하던 카이스트 공대 출신 여학생이 나중에 변리사가 되었다는 소식을 듣고 안타까웠다"라며 "보안 개발자로서 CEO까지 올라가는 여성들이 앞으로도 많이 나왔으면 좋겠다"라고 말했다.

▲1966년 전북 전주 출생 ▲2005년 고려대학교 공학석사 ▲2008년 고려대학교 박사수료(정보보호 전공) ▲2000~2005년 시큐어소프트 보안연구소 개발실장 ▲2003~2008년 명지전문대학 정보통신과 겸임교수 ▲2005년 엠큐릭스 창업

엠큐릭스는 어떤 기업?

엠큐릭스라는 이름은 모바일을 뜻하는 엠(M)과 라틴어로 보안(security)을 뜻하는 큐릭스를 조합해 만들어졌다. 엠큐릭스의 주요 사업영역인 '모바일 보안'이 곧 사명이 된 셈이다. 마지막 X는 박현주 대표가 붙였다.

최근에는 스마트폰 때문에 신생 모바일 보안 업체들이 크게 늘었지만, 엠큐릭스는 그들 중에서도 1세대 업체로 분류된다. 엠큐릭스의 전신인 시큐어소프트는 2000년대 초반 일본 소프트뱅크 손정의 회장으로부터 투자를 받아 설립된 회사로, 엠큐릭스는 이 회사의 모바일 사업부가 2005년 분사해 설립됐다. 이 회사에서 모바일 개발실장을 맡았던 박 대표는 회사의 권유를 받아 대표를 맡게 됐다.

엠큐릭스의 보안 서비스는 유선, 무선을 아우른다. LG전자의 스마트 TV나 SK브로드밴드의 IPTV에 탑재되는 기기인증 보안은 물론 휴대폰에 들어가는 금융 보안·인증 솔루션도 엠큐릭스가 제공하고 있다. 눈에 보이지 않는 곳에서 사람들의 생활을 편리하게 해주는 '인비저블 시큐리티(invisible security)'가 엠큐릭스의 모토다.

양윤선

세상의 중심은
바로 나다

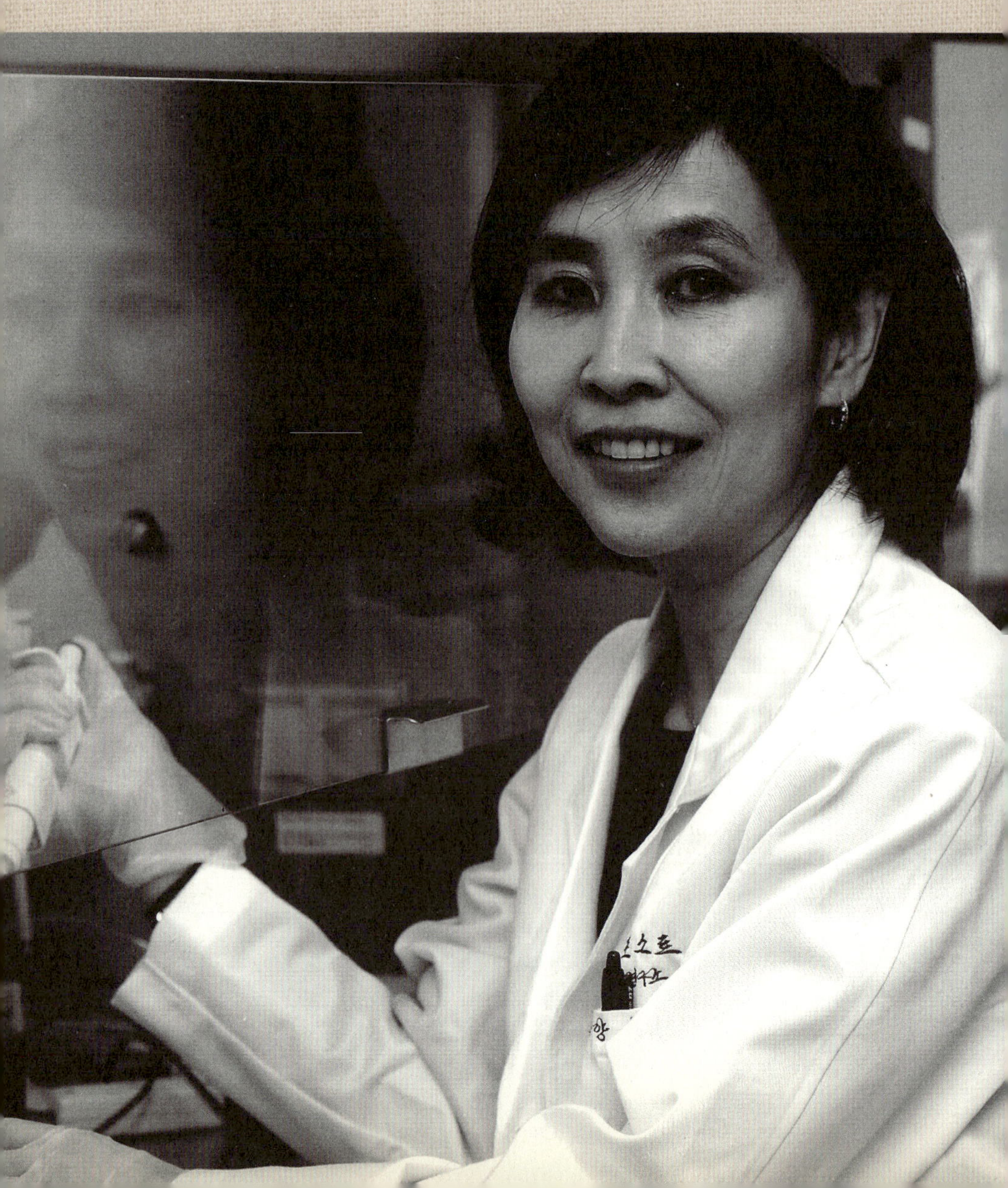

"단순한 선택이었어요. 제대혈 사업을 벤처로 하면 더 잘될 것 같다는 단순한 생각이었죠. 사업 경험도 없었고 병원에 있을 때와 조건과 환경 자체가 달라 수많은 시행착오를 겪었어요. 그래도 기술이 있으니 죽으란 법 있겠냐며 절망에만 빠져 있진 않았죠."

양윤선(49세) 메디포스트 대표는 엘리트 코스만 밟아왔다. 서울대학교 의과대학을 수석으로 졸업했고 전문의 자격시험도 수석이었다. 삼성서울병원 개원 멤버라는 화려한 이력도 더해졌다. 그 순간 인생에 변화의 바람이 몰아쳤다. 안정적인 의사 생활을 박차고 나와 사업가로 변신했다. 갑(甲)에서 을(乙)로 지낸 13년의 세월, 숱한 시련에도 굴하지 않았다. 다음 기회가 있을 거라는 '무한 긍정주의'로 의사의 '물'을 빼고 사업가의 옷을 입었다. 덕분에 양윤선 대표는 어엿한 줄기세포 치료제 기업 CEO의 반열에 올랐다.

누구나 진로나 직업을 선택해야 할 기로에 선다. 양 대표는 지난 2000년 6월 의사의 길과 창업의 갈림길에 섰다. 사업 경험은 전무했다. 어느 누구도 사업을 하리라는 생각을 하지 못했다. 그런데 양 대표가 내린 결론은 창업이었다. 당시 삼성서울병원장이 사업은 위험하다며 병원에 적을 두고 겸직하라고 권유했을 정도였다. 가족의 반대도 없었다. 오히려 "사주를 보니까 사업을 해도 잘하겠다"라며 가볍게 넘어갔다고 한다. 왜 이런 결정을 내렸을까. 기준은 간단했다. 일하는 데 어떤 환경이 어울리느냐였다.

"의학 전공은 다른 분야보다 진료의사로 남는 경우가 워낙 대다수이다 보니 병원 밖을 나오면 의외의 결정으로 보는 것 같아요. 병원에서 이미 2년 정도 제대혈(탯줄 내 혈액) 은행을 하고 있던 때라 기업의 형태에서 일을 하면 더 자유롭게 몰입할 수 있지 않을까 생각했었죠."

지금은 제대혈이나 줄기세포 치료제에 대한 인식이 있지만 13년 전에는 상황이 달랐다. 양 대표가 창업 후 6개월간 전국의 산부인과 의사들을 일일이 찾아다니며 진찰 대기실 산모들에게 제대혈의 중요성을 설명했다고 한다. 갑에서 을의 위치로 역전된 것.

"상황에 따라 갑일 때도 있고 을일 때도 있는 거죠. 그때 사업의 목표를 알리고 다른 사람의 도움을 받아야 하는 을의 입장이었으니 목표를 달성하기 위해 노력할 뿐이었죠. 오히려 그런 것에 휘둘리면 제가 자존심이 없는 거라고 생각했어요. 제가 (세상의) 중심인데 자존심 상할 일이 아니라고 말이죠."

의사 가운을 입고 있을 땐 몰랐던 새로운 경험을 하게 됐다. 특히 비즈니스에서 사람과의 관계가 중요하다는 점을 뼈저리게 느꼈다. 전문직과 사업은 서로 다른 '계'라는 생각이었다. 전문직은 개인의 경험과 지식, 재능만 있으면 일을 무리 없이 해나갈 수 있으나 사업은 여러 사람이 얽히고설킨 '복잡계'라는 것. 필요한 능력도 달랐다.

"사업은 개인이 혼자 잘해서 되는 게 아니라 집단의 능력이 시너지 효과를 내야 하는 만큼 대표 역시 집단의 일부일 뿐이더라고요. 각각의 역할을 분명히 하고 협업 체제를 인정해야 한다는 점을 배웠어요."

여느 기업이 그렇듯 힘든 때도 있었다. 양 대표는 13년 동안 한 번도 '이만하면 숨 좀 쉬겠네' 싶은 순간이 없었다고 회고했다.

"그동안 벤처기업이 겪는 어려움은 다 겪었어요. 상장 준비할 때도 몇 번 실패하고 어려움이 많았죠. 스타트업(신생기업)에서 지식기반의 기업을 이뤘다가 지속 가능한 기업으로 가는 길에 필요한 일들, 겪어보지 못한 어려움이 생기더군요."

특히 창업 후 3년 동안은 돈줄이 막혀 애를 먹었다. 다행인 건 제대혈 은행이라는 캐시카우(현금창출원)가 든든한 버팀목이 되어줬다는 것. 물론 이 과정도 순탄치만은 않았다. 소주 한두 컵 정도의 탯줄 혈액에서 얻을 수 있는 줄기세포는 10여 개 남짓. 이를 배양해서 수천~수만 개로 늘려야 하는데 교과서대로 해도 쉽지 않았다.

위기는 벤처 정신으로 뛰어넘었다. 양 대표는 오히려 사업 초기가 무모했다고 했다. 실패를 해도 '잘 안 되면 어떻게든 갈 길이 찾아지겠지'라는 낙관주의 때문. 어려움이 닥쳤을 땐 '죽으라는 법

있겠느냐"라며 절망의 그늘을 헤쳐나왔다.

"R&D 자체가 비효율인데 이걸 감당해내야 해요. 중간중간 R&D 결과에 울기도 웃기도 하는데, 실패를 해도 계속 시도할 용기가 필요해요. 회사가 무너질 때까지 가지 않도록 하는 대비 전략을 짜는 것이 중요해요."

메디포스트는 임직원 가운데 절반이 연구원 출신이고 매출액의 30~50%를 R&D에 쏟고 있다. 지난 10여 년 동안의 노력 끝에 2012년 1월, 식품의약품안전처로부터 동종(다른 사람) 줄기세포 치료제 '카티스템'(무릎연골재생)의 품목허가를 받았다. 세계 최초였다. 2012년 4월부터 판매가 시작됐으니 이제 1년이 조금 지났다. 2013년 기준 전국 100여 개의 종합병원과 정형외과 등지에서 500건의 상업 시술이 진행됐다. 해외 수출에도 심혈을 기울이고 있다. 2013년 6월에는 홍콩에서 첫 시술이 이뤄졌다.

"카티스템 자체가 효능이 좋고 장기적으로 갈 수 있는 제품이라는 확신이 들어요. 전 세계적으로 열심히 수출 길을 헤치며 다니고 있어요."

세계 최초로 미국 식품의약국FDA으로부터 카티스템의 임상시험 승인을 받아 임상 1상과 2a상도 진행 중이다.

"먼 목표는 별로 생각하지 않아요. 오히려 앞에 놓인 과제를 위해 살죠. 줄기세포 치료제가 널리 알려져 선의의 의미에서 성공을 거두고 메디포스트가 줄기세포 치료제의 대표 기업으로 지속가능하도록 영원히 남았으면 해요."

양 대표는 성공한 여성 CEO로 인정받았지만 여성이 각 분야에서 두각을 나타내려면 넘어야 할 산이 많다는 사실을 뼈저리게 느낀다. 사회 진출이라는 문턱을 넘고 이후 승진이라는 몇 번의 벽을 건너뛰어야 한다. 양 대표는 남성과 여성 사이에 'DNA 차이'가 존재한다고 믿는다. 남성은 도전, 여성은 균형에 강하다는 것이다. 본인을 '여성' 그룹으로 나누는 것에 대해서도 특별한 거부감은 없다고 한다. 단지 여성 CEO가 아직 소수라서 그럴 뿐, 앞으로 여성이 많아지면 그룹 나누기 자체가 없어질 거라 그렇다고 했다. 마치 의과대학에 여성이 절반가량을 차지하면서 여자 의대생이라는 그룹 나누기가 의미 없는 것과 마찬가지인 셈이다.

"통계적으로 보면 남성은 더 공격적이고 영역을 취하려 하는 데 도전적인 반면, 여성은 균형감 있게 조심스러운 측면이 강해 갈등을 최소화하는 성향이 있어요. 이런 성향은 사업의 내용과 타이밍에 따라 다른 결과를 불러올 거예요."

여성들이 사회생활에서 맞닥뜨리는 난관 중 하나가 가정과 일의 양립이다. 양 대표 역시 두 아이의 엄마이자 아내, 메디포스트의 대표라는 다역을 소화 중이다. 그는 자신 있게 '다 잘해냈다'라고 답한다. 비결은 '균형감각'이다.

"일과 가정 중 어떤 것이 중요하느냐의 문제가 아니라 둘 다 중요해요. 어느 한쪽에 치우쳐서도 안 되고 나를 더 많이 필요로 할 때 있어주는 조화로운 마인드가 필요해요."

물론 사회 변화가 뒤따른다는 조건에서 가능한 이야기다. 사회에서 성공했다고 인정받는 여성들을 보면 가정을 포기하거나 둘 사이의 균형을 잘 이룬 사례가 뒤섞여 있다. 양 대표도 이를 인정했다. 여전히 여성이 일과 가정을 모두 돌보려면 '멀티태스킹'의 능력이 필요하다.

"여전히 여성이 집 안팎에서 노동 강도가 높은 건 사실이고 둘 다 잘해내려면 엄청난 수련이 필요해요. 그나마 사회 분위기가 일과 가정의 양립을 돕는 쪽으로 가고 있어 다행이죠."

여성들의 직장생활 방식도 변해야 한다고 조언했다. 높은 자리로 올라가려면 '조직 위주의 마인드'가 절실하다는 것이다. 기업이 잘되려면 조직이 어떻게 움직여야 하는지를 염두에 두고 직장생활을 해야 한다는 설명이다.

"성공하려면 자신에게 주어진 일만 잘한다고 끝나는 게 아니에요. 개인 능력에 더해 조직을 위해 헌신하고, 조직을 위한 사고방식이 필요해요."

양윤선 대표는?

▲1964년 서울 출생 ▲1983년 휘경여자고등학교 졸업 ▲1989년 서울대학교 의과대학 졸업 ▲1989~1994년 서울대학교병원 임상병리과 전공의 ▲1994~2000년 삼성서울병원 임상병리과 전문의 및 성균관대학교 의대 조교수 ▲1999년 서울대학교 의학과 박사 졸업 ▲2000년 6월 메디포스트 설립 ▲2010~2012년 교육과학기술부 연구개발사업 종합심의위원회 위원 ▲2013년 현재 한국바이오협회 이사, 조직공학 재생의학회 부회장, 한국줄기세포학회 이사, 서강대학교 기술경영전문대학원 기술경영학전공 겸임 교수, 고려대학교 생명과학과 겸임 교수

메디포스트는 어떤 기업?

메디포스트는 제대혈(탯줄 속 혈액) 유래 줄기세포를 이용한 세포치료제를 연구·개발하는 회사다. 메디포스트의 경쟁력은 줄기세포 분야의 연구 성과와 기술력이다. 임직원 중 절반이 연구원 출신이고, 매출액의 30~50%를 연구개발에 쏟고 있다. 또 미국과 유럽 등의 국제특허 17건을 포함해 총 38건의 지적재산권을 보유하고 있으며, 25건의 국책 연구과제를 수행해 기술력을 인정받고 있다. 2012년 1월 10여 년 동안의 연구 개발 끝에 식품의약품안전처로부터 동종(다른 사람) 줄기세포 치료제 '카티스템'의 품목허가를 받았다. 세계 최초였다. 2013년 전국 100여 개 종합병원과 정형외과 등지에서 500건의 상업 시술이 이뤄졌다. 조혈모세포 생착 촉진제 '프로모스템', 알츠하이머성 치매 치료제 '뉴로스템-AD', 폐질환 치료제 '뉴모스템'도 개발 중이다.

해외진출을 위한 기반도 다져놓았다. 2011년 2월 세계 최초로 미국 식품의약국(FDA)으로부터 제대혈 유래 줄기세포 치료제(카티스템)의 임상시험 승인을 획득했다. 2013년 임상 1상과 2a상을 진행 중이다. 같은 해 미국 현지에 법인을 설립하고 생산공장에 기술을 이전하는 등 현지 생산체제도 갖췄다.

2012년 11월에는 국내 줄기세포 치료제 중에서 처음으로 홍콩과 카티스템 수출 계약을 맺고, 2013년 6월 첫 시술이 이뤄졌다. 이 밖에 제대혈은행 '셀트리'로 국내 가족 제대혈 보관 시장의 40% 이상을 차지하며 독보적인 1위를 달리고 있다.

7cm
하이힐의 힘

1판 1쇄 인쇄 2013년 12월 5일
1판 1쇄 발행 2013년 12월 10일

지은이 | **아시아경제** 특별취재팀
편집인 | 최현문
발행인 | 이연희
본문 · 표지 디자인 | 정현옥
발행처 | 황금사자
출판신고 | 2008년 10월 8일 제300-2008-98호
주소 | 서울시 종로구 백석동길 276(302호, 부암동)
문의전화 | 070-7530-8222
팩스 | 02-391-8221

한국어판 출판권 ⓒ 황금사자 2013
ISBN 978-89-97287-03-1 13320
값 13,000원